kritik & *utopie* ist die politische Edition im mandelbaum *verlag*.
Darin finden sich theoretische Entwürfe ebenso wie Reflexionen aktueller sozialer Bewegungen, Originalausgaben und auch Übersetzungen fremdsprachiger Texte, populäre Sachbücher sowie akademische und außeruniversitäre wissenschaftliche Arbeiten.

Nähere Informationen zu Beirat, Neuerscheinungen und Terminen unter www.kritikundutopie.net

Fanny Müller-Uri

ANTIMUSLIMISCHER RASSISMUS

INTRO. Eine Einführung

mandelbaum *kritik* & *utopie*

Gedruckt mit Unterstützung durch

MA 7 – Kulturabteilung der Stadt Wien, Referat Wissenschafts- und Forschungsförderung

© mandelbaum *kritik* & *utopie*, wien 2014
alle Rechte vorbehalten

Lektorat und Satz: Paula Bolyos
Umschlaggestaltung: Michael Baiculescu
Druck: Primerate, Budapest

Inhalt

6 DIE VIELEN GESICHTER DES
  ANTIMUSLIMISCHEN RASSISMUS

13 I. ISLAMISIERTE DEBATTEN
15 Kulturalisierung der Migrations- und Integrationsdiskurse
28 Vom Kalten Krieg zum „Kampf der Kulturen"
33 Reflexiver Eurozentrismus

38 II. ORIENTALIST HISTORY X
38 Der Orient existiert nicht
39 Kritiken und Perspektiven
45 Etappen orientalistischer Bilder
54 Zwischenstopp

56 III. RASSISMUS
57 Kampf der Begriffe I:
   Feindlichkeiten, Hassallüren und Phobien
61 Rassismus als gesellschaftliches Verhältnis
79 Modalitäten und Konjunkturen
87 Debatten um einen kulturalistischen Neorassismus

98 IV. ANTIMUSLIMISCHER RASSISMUS
99 Kampf der Begriffe II:
   Islamophobie, Islamfeindlichkeit, Antimuslimismus
104 Antimuslimischer Rassismus als Rassismus
110 Panorama aktueller Debatten
123 Funktionsweisen des antimuslimischen Rassismus

128 STOPP!

130 LITERATUR

Die vielen Gesichter des antimuslimischen Rassismus

Eine Suppe erregte 2003 die europäische mediale Öffentlichkeit. AktivistInnen des rechtsextremen *Bloc Identitaire* hatten begonnen, in mehreren französischen Städten warme Suppe an Arme und Obdachlose auszuschenken. An alle? Nein. Denn der traditionelle französische Eintopf – von seinen Köchen „Identitätssuppe" genannt – enthält Schweinefleisch und ist somit für MusliminInnen tabu. Was also zunächst wie eine karitative Geste wirkte, entpuppte sich rasch als eine rassistische Kampagne. Die rechtsextreme Gruppe, die sich der Verteidigung „europäischer Werte" verschrieben hat, machte aus ihrem rassistischen Kalkül auch keinen Hehl: Die Armensuppe sei nicht für Menschen mit „fremder Kultur" gedacht. „Europäische Identität" inkludiere die eigenen Obdachlosen, ziehe aber die Grenze nach außen und gegenüber MusliminInnen.

Solche Aktionen sind beileibe kein Einzelfall und diese Form alltäglicher Diskriminierung von MusliminInnen geht nicht nur von rechtsextremen Gruppen aus. Mittlerweile sind „Islam" und „MuslimInnen" allgegenwärtig in der medialen Berichterstattung und politischen Debatten um „Integration", „europäische Identität" und „Leitkultur" sowie der „inneren Sicherheit" und dem „Kampf gegen Terrorismus". Dabei geht es oft um drohende „kulturelle Überfremdung" und die Verteidigung des „christlichen Abendlandes" und/oder der „Werte der europäischen Aufklärung" gegenüber dem „rückschrittlichen islamischen Mittelalter", um die Gefahr des „islamischen Terrorismus" und „islamischen Patriarchats".

So gut wie immer werden „Islam" und „MuslimInnen" zuallererst als „Problem" und „Gefahr" adressiert, jedenfalls als „anders" und „kulturfremd".

Tatsächlich lässt sich gegenwärtig eine Konjunktur antimuslimischer Stereotype, Bilder, Argumentationsfiguren und Diskriminierungspraktiken feststellen, die sich quer durch das politische Spektrum und durch alle Klassen zieht. Studien sprechen mittlerweile davon, „Islamfeindlichkeit" sei „konsensfähig, auch bei jenen, bei denen es bisher nicht zu erwarten war." Ist es nicht bizarr wenn von der extremen Rechten über die liberale „Mitte" bis hinein in die Linke eigentlich ungewöhnliche Gemeinsamkeiten auftreten? Eine Besonderheit, die im Fall des antimuslimischen Rassismus selbst den kritischen AntirassistInnen Kopfzerbrechen bereitet.

Rechtsextreme Parteien und Bewegungen in Europa haben bereits seit Jahren pauschal „den Islam" oder „die MuslimInnen" an zentralen Stellen ihrer Wahlprogramme positioniert. Gewarnt wird im Allgemeinen vor einer vermeintlichen „Islamisierung des Abendlandes". Die *Nationaldemokratische Partei Deutschlands* möchte „Mit der Islamkritik zum Erfolg!" kommen (NPD), der *Freiheitlichen Partei Österreichs* gelingt dies schon seit einigen Jahren mit dem vielfach eingesetzten Slogan „Daham statt Islam" (FPÖ). Marine le Pen, die Vorsitzende der französischen *Front National*, setzt sich vehement gegen eine „Besatzung Frankreichs" durch „betende MuslimInnen auf den Straßen" ein (Le Pen), während die *British National Party* jegliche muslimische Migration nicht nur „aufhalten", sondern auch „rückgängig machen" möchte, da sie eine „tödliche Bedrohung für das Überleben der britischen Nation" darstelle (BNP). Die flämische Rechtsaußen-Partei *Vlaams Belang* fordert inzwischen Frauen auf, „Freiheit statt Islam" (Vlaams Belang) zu wählen während die italienische *Lega Nord* sogar so weit geht, an einem Ort, wo eine Moschee gebaut werden sollte, „Schweinetage" auszurufen, um den dortigen Boden durch Schweineblut zu entweihen (Lega Nord).

Über das Aufbegehren gegen Moschee- und Minarettbauten, die Beschwörung europäisch-christlicher Werte oder die 180-Grad-Wendung feministischer Forderungen in rassistische und sexistische Diskriminierung gelingt der extremen Rechten der Brückenschlag zu den rechtspopulistischen *Pro*-Bewegungen, aber auch zu Kräften der bürgerlichen „Mitte". So sprachen sich mehrere prominente PolitikerInnen gegen Minarette aus, wie etwa der niederösterreichische Landeshauptmann der *Österreichischen Volkspartei*, Erwin Pröll, der Minarette als „etwas Artfremdes", das „einer Kultur nicht gut tut", bezeichnete (Pröll 2007). Als Pionierin zur Initiierung von antimuslimischen *Pro*-Bewegungen gilt bislang die rechte *Schweizer Volkspartei*, die die Frage, ob Minarette gebaut werden dürfen, sogar zur Volksabstimmung gebracht hat. Der ehemalige Generalsekretär der ÖVP Hannes Missethon wiederum wollte überhaupt eine grundsätzliche Debatte darüber führen, ob „sich der Islam mit dem verträgt, wie wir leben" denn es genüge nicht, „wenn sich Migranten an unsere Gesetzeslage halten […] Denn wir merken am Verhalten von einem Teil der Muslime, dass sie anders sind" (Missethon 2007). Dieses rassistische Gedankengut schlug sich 2006 in Baden-Württemberg auch auf institutioneller Ebene als so genannter „Moslemtest" nieder: Im dortigen „Gesprächsleitfaden für Einbürgerungsbehörden" wurden MuslimInnen unter Generalverdacht gestellt, der demokratischen Grundordnung nicht zu entsprechen, weil bezweifelt werden müsse, „ob bei Muslimen generell davon auszugehen sei, dass ihr Bekenntnis bei der Einbürgerung auch ihrer tatsächlichen inneren Einstellung entspreche" (Bekenntnis zur freiheitlichen demokratischen Grundordnung nach dem StAG 2005).

Auch wenn sich liberale Intellektuelle und PolitikerInnen über die Deutlichkeit solcher Aussagen echauffieren, reproduzieren viele im selben Atemzug dieselben Stereotype und Bilder. Vor allem die Frage nach *dem Kopftuch* als vorgebliches Zeichen der „Unterdrückung der Frau" wird als Aushängeschild des „aufgeklärten Europas" im Gegensatz zum „rückschrittlichen Islam" verhandelt. Damit treten nun reaktionäre und liberale PolitikerInnen gemeinsam als selbsternannte VerfechterInnen von Frauenrechten und Demokratie auf und ordnen sich als so genannte IslamkritikerInnen in die Reihe des antimuslimischen Grundtenors ein. Die von der Zweiten Frauenbewegung aufgeworfene Thematisierung von Geschlechterdifferenzen, Sexualität und patriarchaler Gewalt wird heute gegen „den Islam" verkehrt. Manche hingegen haben ohnehin die Unterschiede zu rechtsextremen Argumentationsweisen völlig eingeebnet, wie das Mitglied der *Sozialdemokratischen Partei Deutschlands* Thilo Sarrazin in seinem Buch „Deutschland schafft sich ab" unmissverständlich unter Beweis stellt. Gleichzeitig machen sich entscheidende StichwortgeberInnen in den Medien nicht einmal mehr die Mühe, zwischen „islamisch" oder „islamistisch" zu unterscheiden.

Der Effekt solcher diskursiver Strategien schlägt sich nicht nur im Spektrum politischer Parteien und Bewegungen nieder, nicht nur in institutionellen und medialen, sondern auch in alltäglichen Diskriminierungen. Diverse Studien geben inzwischen Auskunft über den breiten gesellschaftlichen Zuspruch zu antimuslimischem Rassismus, wie auch darüber, dass „die Islamfeindlichkeit im linken politischen Milieu weiter kontinuierlich zugenommen [hat], während sie im rechten Milieu stabil auf einem hohen Niveau verharrt" (Heitmeyer 2012: 20). Auch wenn solche Studien teilweise selbst antimuslimische Stereotype spiegeln und zementieren, liefern sie doch ein Stimmungsbild antimuslimischer Einstellungen. Den Arbeitsmarkt betreffend würden in Deutschland zwölf von neunzehn entscheidungsbefugte PersonalvertreterInnen keine Frauen mit Kopftuch einstellen. Gerechtfertigt wird dies „mit den erwarteten negativen Kundenreaktionen oder mit der zugeschriebenen Rückständigkeit und dem mangelnden Integrationswillen von Kopftuch tragenden Frauen" (Peucker 2010: 45). Diese diskriminierende Praxis wird durch Meinungsumfragen den Alltag betreffend bestätigt. Laut einer *Gallup*-Umfrage assoziieren 44% der „deutschen" Befragten das Kopftuch mit „Fanatismus" und 60% mit „Unterdrückung", 16% sehen dahinter eine „Bedrohung für die europäische Kultur" (Gallup 2009: 36f.). Darüber hinaus haben 2011 53% der befragten Menschen in Deutschland ein „Problem damit […], in eine Gegend zu ziehen, in der viele Muslime leben". Laut der *Europäischen Wertestudie* wünschen sich auch in Österreich 2008 31% der Befragten keine „MuslimInnen als NachbarInnen" (zit. n. Hafez 2010: 7). In der *Allensbach*-Umfrage von 2004 wurde noch allgemeiner nach den Assoziationen mit *dem Islam* gefragt: 93% beantworteten dies mit „Unterdrückung von Frauen" und 83% mit „Terror". Europaweite Umfragen der letzten Jahre besagen, dass sich 54,4% der befragten Personen bemüßigt fühlen zu behaupten, der Islam sei eine „Religion der Intoleranz" (Hinna; Küpper; Zick 2010: 47). In einer Studie im Auftrag des flämischen *VB*-Politikers Filip Dewinter vertreten sogar 72% die Ansicht, dass sich MuslimInnen „der

Lebensweise der Gesellschaft nicht anpassen", 71% unterschreiben, dass „der Islam mit dem westlichen Konzept von Demokratie, Freiheit und Toleranz unvereinbar sei" (Dewinter 2011: 221, zit. n. Schiedel 2011: 19). In der 2012 herausgegebenen sozialwissenschaftlichen Untersuchung „Deutsche Zustände" stimmen nicht zuletzt sogar 22,6% der Aussage zu „Muslimen sollte die Zuwanderung [...] untersagt werden" (Heitmeyer 2012: 38).

All diese Aussagen sind Teil eines Diskurses, in dem sich auf ein „Wir" bezogen wird, welches vermeintliche Werte und Normen teilt und sich in Abgrenzung zu einem „Fremden" und „grundlegend Anderem", jedenfalls „Untergeordnetem" setzt. Dieses „Andere" wird vor allem benötigt, um eine übergeordnete Identität zu suggerieren. Das ist ein Grundmuster jeglicher rassistischer Erscheinungsform, das in der Theorie als *Othering*, als *Andersmachen*, bezeichnet wird und in diesem Fall als die „aufgeklärten EuropäerInnen" gegenüber den „rückschrittlichen MusliminInnen" ausbuchstabiert wird.

Gerade weil der antimuslimische Rassismus im Gewand der Aufklärung und Emanzipation auftritt, steht die antirassistische Bewegung den bisher beschriebenen Phänomenen bisweilen argumentativ und in ihrer politischen Praxis recht unsicher und unentschlossen gegenüber. Gleichzeitig fehlt es in der deutschsprachigen Wissenschaft und Forschung immer noch an adäquaten theoretischen Bestimmungen. So wird einerseits vom „Feindbild Islam/Moslem", von „Islamophobie" und von „antimuslimischen Ressentiments" gesprochen, andererseits sind Begriffe wie „Islamfeindlichkeit" oder „Antimuslimismus" gebräuchlich. Die Schwächen dieser Begriffe liegen mitunter an rassismustheoretischen Defiziten der deutschsprachigen Debatte. Eine Klärung der Begriffe ist also notwendig: Erst auf Grundlage einer adäquaten Vorstellung dessen, was unter Rassismus zu verstehen ist, kann die Problematik des antimuslimischen Rassismus sinnvoll entwickelt und in antirassistische Politik und Praxis übersetzt werden, die ja selbst maßgeblich vom jeweiligen Rassismusverständnis mitbestimmt ist. Denn ohne theoretische Reflexion laufen antirassistische Strategien ins Leere.

Dieses *Intro* stellt deshalb auf Grundlage internationaler kritischer Rassismusforschung eine einführende Analyse von antimuslimischem Rassismus für den deutschsprachigen Raum bereit. Dafür erscheint es unabdingbar, antimuslimischen Rassismus als rassismustheoretischen Begriff und Konzept überhaupt erst zu entwickeln. Zunächst gilt es zu begründen, warum und in welchem Sinn ich vorschlagen möchte, besser von *antimuslimischem* Rassismus zu sprechen.

Beginnend mit einem historischen Blick auf die Entwicklung des Spezifikums *antimuslimisch* im Rassismus, werden im Kapitel I die Konjunkturen antimuslimischer Diskurse in der zweiten Hälfte des 20. Jahrhunderts im Kontext der allgemeineren Trends zur Kulturalisierung sozialer, politischer und ökonomischer Konflikte in zwei Dimensionen nachgezeichnet. Zum einen im Rahmen der „Islamisierung" europäischer Migrations- und Integrationsdebatten, zum anderen vor dem Hintergrund geopolitischer Veränderungen im Zeichen des Paradigmas des „Kampfs der Kulturen".

Denkfiguren des *muslimisch Anderen* reichen historisch allerdings noch weiter zurück und füllen ein ganzes „Archiv von Bildern", aus dem das europäische „kollektive Gedächtnis" bis heute schöpft. Dazu geben im Kapitel II vor allem Theorien des *Orientalismus* mit den kritischen Erweiterungen *postkolonialer* und *okzidentalismuskritischer* Studien Aufschluss. In fünf Etappen soll die Geschichte unterschiedlicher orientalistischer Diskursstränge von der Zeit der Kreuzzüge bis ins 20. Jahrhundert skizziert werden. Im Kapitel III, dem Kernteil, wird ein Rassismusbegriff vorgeschlagen, der in Abgrenzung zu euphemistisch gebrauchten Begrifflichkeiten wie „AusländerInnen-" und „Fremdenfeindlichkeit" die strukturellen, institutionellen wie auch alltäglichen Diskriminierungen fassen kann. In der Tradition der neueren kritischen Rassismusforschung und anknüpfend an jüngere rassismushistorische Arbeiten soll hier das Augenmerk auf die historische Wandelbarkeit, die unterschiedlichen Modalitäten und Konjunkturen des Rassismus im Kontext konkreter gesellschaftlicher Kräfteverhältnisse gelegt werden. Wobei der historische Einsatzpunkt nicht wie üblicherweise angenommen erst im 18./19. Jahrhundert besteht und Rassismus ebenso wenig auf eine Legitimationsstrategie kolonialer Gewalt außerhalb Europas reduziert wird. Eine zentrale Konsequenz der rassismustheoretischen Ausführungen besteht darin, den kulturalistischen Kern aller rassistischen Artikulationsweisen herauszustellen, die hauptsächlich in den jüngeren Debatten über einen kulturalistischen und differentialistischen Neorassismus wieder aufgegriffen wurden. Daran anschließend soll im Kapitel IV des Intros in Abgrenzung zu konkurrierenden Begrifflichkeiten wie „Islamophobie" ein theoretischer Begriff von antimuslimischem Rassismus entwickelt und anhand ausgewählter Diskursstränge erläutert werden. Dabei sollen die gesellschaftlichen Funktionen des antimuslimischen Rassismus besonders in Zeiten der Krise deutlich werden. Letztlich soll die Vorstellung einer infrage gestellten „europäischen Moderne" einen nicht-eurozentrischen Blick eröffnen, welcher Potential hat, globale gesellschaftliche Entwicklungen in ihrer Gleichzeitigkeit und Widersprüchlichkeit zu fassen und auch antirassistischen Kräften erlaubt, über den Tellerrand hinauszublicken.

I.
Islamisierte Debatten

Ob in den Zeitungskolumnen des bildungsbürgerlichen Feuilletons oder in politischen Sonntagsreden der extremen Rechten, eine „islamische Unterwanderung des Westens" und „muslimische Parallelwelten" inmitten der europäischen Metropolen sind Phrasen, die schon seit über einem Jahrzehnt propagiert werden. Offenbar will und will die „Islamisierung Europas" oder „des Westens" aber nicht eintreten. Gleichzeitig gibt es keine ernstzunehmenden politischen Analysen oder glaubwürdigen Studien, die solche Tendenzen belegen – und noch weniger – in ihren zugrunde liegenden Überlegungen überhaupt erklären könnten. Die Soziologin Nina Clara Tiesler spricht deshalb von einer „Islamisierung der öffentlichen und akademischen Debatten" (Tiesler 2007: 26).Damit stellt sie nicht nur auf die Tatsache ab, dass „der Islam" und „die MuslimInnen" fast ausschließlich in negativen Zusammenhängen auftauchen, sondern weist auch darauf hin, dass mittlerweile so gut wie alle sozialen Probleme auf vermeintlich allseits bekannte Charakteristika „der islamischen Kultur" zurückgeführt werden. „Der Islam" wird hierbei als monolithischer und homogener Block vorgestellt und als Platzhalter für diverse islamistische Strömungen in Szene gesetzt; so gelten Kopftuchträgerinnen pauschal als besonders unterdrückt und symbolisieren das Patriarchat schlechthin; Moschee- oder Minarettbauten werden zu einem Bedrohungsszenario für vermeintlich westliche Werte und Traditionen hochstilisiert; und die jahrzehntelang bekannte muslimische Nachbarsfamilie wird plötzlich zur terroristischen Schläferzelle. Kurz, „der Islam" und „die MuslimInnen" werden zu einem gesellschaftlichen Anderen und zum Problem erhoben.

Als historischer Bezugspunkt „islamisierter Debatten" gilt gemeinhin der 11. September 2001. Dieses Datum verweist zweifelsfrei auf gewichtige Veränderungen gesellschaftspolitischer Regulierungen und Diskurse. So wurden seither restriktive und repressive sicherheits- und migrationspolitische, aber auch bauvorschriftliche Maßnahmen unter dem Deckmantel der „drohenden" und „schleichenden Islamisierung" verabschiedet. Der Zugewinn an negativer Symbolkraft wurde aber bereits vor den Anschlägen des 11. September 2001 festgestellt. Beispielsweise bei der nur einige Tage zuvor abgehaltenen dritten (von vier) *World Conference against Racism* der Vereinten Nationen in Durban, an der grundsätzlich VertreterInnen aller Mitgliedstaaten teilnehmen können. Hier kam man zum Schluss, dass Islamophobie als antiislamisches oder antimuslimisches Vorurteil ein ernstzunehmendes Problem darstelle. In dieselbe Kerbe schlug der vieldiskutierte, 1997 veröffentlichte *Runnymede Report* mit dem Titel „Islamophobia: A Challenge for Us All". Weitere empirische Erhebungen zum Thema lassen sich auch in deutschsprachigen Publikationen finden. So ergab Kai Hafez' Langzeitstudie der deutschen Presse für den Zeitraum der 1940er bis 1990er Jahre, dass „etwa die Hälfte aller Beiträge den Islam im Kontext eines Gewaltereignisses oder entsprechenden Themas (etwa Terrorismus) erörtern. Weitere etwa zehn Prozent thematisieren den Islam im Zusammenhang mit Konflikten, die allerdings ohne physische Gewalt ablaufen können (etwa Repression durch Tradition)" (Hafez K. 2010: 106). Zu ähnlichen Ergebnissen über eine solche Medienberichterstattung kam der Orientalismusforscher Edward Said bereits Anfang der 1980er Jahre in seinem Beitrag „Covering Islam" (1981). Studien über die jüngere Vergangenheit zeigen, dass sich dieser Trend seit dem 11. September 2001 abermals drastisch verschärft hat, denn „[m]ittlerweile herrscht die Imagination eines fanatischen, aggressiven, gewaltbereiten, unterdrückenden und männlichen Islam vor" (Eickhof 2010: 79).

Diese „Islamisierung der Debatten" ordnet sich in den allgemeineren Trend zur Kulturalisierung gesellschaftlicher Problemlagen seit den 1970er Jahren ein. Zuvor waren weder in der medialen Berichterstattung, noch in der politischen Debatte oder in der sozialwissenschaftlichen Forschung, Religion und Kultur als Erklärungskategorien politischer oder sozialer Phänomene von Interesse. Erst im Zusammenhang entscheidender Verschiebungen, sowohl der geopolitischen Konstellationen, als auch der europäischen Migrationspolitiken ab Mitte des 20. Jahrhunderts setzten sich kulturalistische Argumentationsstrategien explizit durch.

Kulturalisierung der Migrations- und Integrationsdiskurse

„Der Islam" ist, so konstatiert Dirk Halm in seiner Studie zu Islambildern in Deutschland trocken, in der öffentlichen Debatte der letzten Jahre zu „eine[r] zentrale[n] Kategorie für das Gelingen von Integrationspolitik" (Halm 2008: 105) geworden. Neben einer panisch ausgerufenen „Islamisierung Europas" wird aufgeregt darüber diskutiert, ob „der Islam zu unseren westlichen Werten passt", die Gefahr muslimischer „Parallelgesellschaften" beschworen und die „Integrationsbereitschaft" von MuslimInnen oder jenen, die als solche wahrgenommen werden, grundsätzlich in Frage gestellt. Die mediale Berichterstattung mobilisiert dabei ein breites Spektrum antimuslimischer Bilder und Argumentationsfiguren, während sich auf institutioneller Ebene jene Denkfiguren in konkrete Politiken im Bereich der *Fremden*gesetzgebung, Integration, Kopftuch- und Moscheebauverboten etc. übersetzen. Kurz, die Konstruktion einer immer monolithisch gedachten „islamischen Kultur", deren wesentliche Kennzeichen Rückständigkeit, Gewalttätigkeit und Frauenunterdrückung seien, hat sich im hegemonialen Diskurs weitgehend durchgesetzt und wird einer ebenso monolithisch konstruierten „westlichen/europäischen Kultur" als Verkörperung der Aufklärung gegenübergestellt. Deshalb stellt sich zunächst die Frage, wann und im Kontext welcher gesellschaftlichen Veränderungen überhaupt Kultur und Religion als zentrale (Differenz)Kategorien mobilisiert wurden.

Von Gästen und ArbeiterInnen ...

Die Nachkriegszeit war durch weltweite sozial- und geopolitische Umbrüche gekennzeichnet. Innerhalb Europas etabliert sich eine neue sozioökonomische Wiederaufbaupolitik, während außerhalb Europas Dekolonisation strukturelle Änderungen hervorbrachte. Gleichzeitig änderte sich die Qualität transnationaler Migrationsbewegungen sowohl aufgrund ihrer Zusammensetzung als auch aufgrund sich wandelnder nationaler und supranationaler Migrationspolitiken, die Einwanderung und Aufenthalt neu bestimmen sollten. Im Zuge des wirtschaftlichen Nachkriegsbooms und des Übergangs zum fordistischen Akkumulationsregime in den 1950er und 1960er Jahren öffneten die west- und mitteleuropäischen Regierungen – nicht zuletzt auch als Reaktion auf die unkontrollierte und ungesteuerte (Arbeits)Migration – ihre Arbeitsmärkte und warben gezielt Arbeitskräfte aus Ländern Südeuropas, der Türkei und nordafrikanischen Staaten an, die als Konjunkturpuffer dienten und in schlecht bezahlten und oft auch gesundheitsschädigenden Arbeitsplätzen in der industriellen Produktion und im Bauwesen (später auch im Handel und der Textil- und Tourismusbranche) arbeiten sollten.

In der Vorstellung der politischen EntscheidungsträgerInnen sollten die ArbeitsmigrantInnen nur temporär im Land bleiben (Rotationsprinzip), was u. a. dadurch sichergestellt werden sollte, dass ihre arbeits- und sozialrechtliche Situation prekär gehalten wurde und sie einem rigiden Disziplinar- und Kontrollregime unterworfen wurden. Die „Gäste" wurden somit als BürgerInnen zweiter Klasse eingeladen. Der Status permanenter Rechtsunsicherheit drückte sich nicht zuletzt darin aus, dass die Aufenthaltserlaubnis nur mit begrenzten Ansprüchen verbunden war. Unverblümt heißt es etwa im deutschen *Ausländergesetz* von 1965: „Ausländer genießen alle Grundrechte mit Ausnahme der Versammlungsfreiheit, der Freizügigkeit, der freien Wahl von Beruf, Arbeitsplatz und Ausbildungsstätte sowie Schutzes vor Auslieferung ins Ausland." (zit. n. Ganßloser 1992: 48)

In politischen wie medialen Diskursen wurde dementsprechend in erster Linie die ökonomische Funktion der MigrantInnen thematisiert: Im Allgemeinen wurde von „Gastarbeitern" gesprochen und vielleicht noch nach Herkunft und Staatsangehörigkeit unterschieden. Zwar drückten sich in ministeriellen Dokumenten und der medialen Debatte sehr wohl auch kulturalistische Zuschreibungen aus – wenn etwa die Anwerbung von Arbeitskräften aus außereuropäischen Ländern mit dem Argument „[abweichender] Vorstellungen […] in Fragen der Lebensauffassung und Weltanschauung, die eine ‚reibungslose Anpassung an deutsche Verhältnisse' erschwere und verhindere" (Bojadzijev 2008: 105), abgelehnt wurde. Dennoch wurden die GastarbeiterInnen in erster Linie als unterstes Segment der ArbeiterInnenklasse verhandelt und als „ausländische Arbeitskräfte" adressiert, deren Aufenthalt in den europäischen Metropolen zeitlich begrenzt sein sollte.

Das gilt ebenso für Menschen muslimischen Glaubens, deren Zahl seit dem Zweiten Weltkrieg infolge von Dekolonisierung und veränderten Migrationsbewegungen ebenso ständig gewachsen ist. Persönliche Religiosität wurde aber kaum öffentlich praktiziert und *muslimness* (Tiesler 2006) war auch noch zu keiner zentralen Identitätskategorie geworden. Erste Erfahrungen „kollektiver Subjektivität in nicht-islamischen Gesellschaften […] sammelten Arbeitsmigranten mit den Gewerkschaften in den Zeiten ‚wilder Streiks' während der Erdölkrise, also noch fernab religiöser Zuordnungskriterien." (Tiesler 2006: 43) Auch von der Dominanzgesellschaft[1] wurden MigrantInnen „nicht primär als ‚Orientalen' oder ‚Muslime' wahrgenommen, sondern als Arbeiter. […] [I]hre marginale Position kam im Slogan von der ‚Unterschichtung der Arbeiterklasse' zum Ausdruck" (Attia 2007: 8).

… über AusländerInnen und Fremde …

Einschneidende Veränderungen, sowohl hinsichtlich identitärer Selbstentwürfe, vor allem aber im hegemonialen Diskurs, lassen sich seit den 1970er und frühen 1980er Jahren verfolgen. Den zentralen Einschnitt markieren hier sicherlich die globale Wirtschaftskrise Mitte der 1970er Jahre und mit dieser einhergehende Veränderungen von Grenzregimen und Migrationskontrollen.

Als Konsequenz der Krise hatten die ersten europäischen Regierungen die Anwerbung neuer ArbeitsmigrantInnen schon 1973 gestoppt. Genauso wie zuvor durch die bilateralen Anwerbeabkommen wird das Interesse Europas an der Kontrollierbarkeit und damit einhergehender Drosselbarkeit von Migrationsbewegungen noch einmal augenscheinlicher.

Die Prämisse „zu Gast bei FreundInnen" konnte schon zuvor nicht über das Faktum hinweg täuschen, dass Menschen aufgrund

---

1 Gebräuchlicher ist der Begriff „Mehrheitsgesellschaft", der sich jedoch weniger eignet, da es sich nicht um tatsächliche Mehr- und Minderheiten handelt, sondern ein Machtverhältnis ausgedrückt werden soll, dass sich ökonomisch, sozial, politisch und kulturell ausdrückt. Deshalb verwende ich in Anlehnung an Rommelspacher (1995) den Begriff der Dominanzgesellschaft.

ökonomischer Verwertbarkeit, Nützlichkeit und in erster Linie in Abhängigkeit von Unternehmen ein Aufenthalt gewährt wurde. Deklassierung bzw. Unterschichtung[2] der ArbeiterInnenklasse sind nicht zuletzt an regulierten institutionellen Ausschlüssen vom Arbeitsmarkt und fehlender Interessensvertretung seitens der Gewerkschaften abzulesen. Diese Politik hatte demnach nichts mit „Gästen" und noch weniger mit „FreundInnenschaft" zu tun, wohl aber mit Arbeit und Kapital. Zugleich war aber klar geworden, dass die als „temporäre Arbeitskräfte" verstandenen GastarbeiterInnen dauerhaft in den europäischen Metropolen bleiben würden und früher oder später vielleicht auch die StaatsbürgerInnenschaft erwerben könnten. Erst in diesem Zusammenhang begann die herablassende Prämisse der *Toleranz* von der Debatte um *Integration* einerseits als politischer Slogan, andererseits als „flankierende Maßnahme" abgelöst zu werden. Kulturalistischen Abgrenzungsstrategien war somit der Weg geebnet: „Die bisherigen ‚Gastarbeiter', die nun offensichtlich hier bleiben würden, wurden als kulturell fremd dargestellt und wahrgenommen." (Attia 2007: 8) In diesem Zusammenhang lösten die Begriffe „AusländerInnen" und „Fremde" jenen der „GastarbeiterInnen" als dominante Figur im Migrationsdiskurs ab (Morgenstern 2002). Die älteren Herabwürdigungs- und Ausgrenzungsmechanismen aufgrund von Klasse gegenüber MigrantInnen ebenso wie die auf Herkunft und Nationalität gemünzten rassistischen Diskriminierungen wurden zwar nicht abgelöst, jedoch wurden Demarkationsstrategien wesentlich reartikuliert, indem sie nun *kulturelle Differenz* und damit zusammenhängend Politiken der *Integration* und später des *Multikulturalismus* ins Zentrum rückten.

Dabei war *Integration* im Sinne gleicher ökonomischer, politischer, sozialer und kultureller Partizipationsrechte zunächst von den ArbeitsmigrantInnen selbst gefordert und auch selbstorganisiert, d.h. ohne (sozial)staatliche und gewerkschaftliche Unterstützung, praktiziert worden: Als Forderung des Einbezugs ins Sozialsystem (Kindergeldkampagne 1973 in Deutschland), in

---

2 Mit Deklassierung und Unterschichtung ist in diesem Zusammenhang der soziale Abstieg migrantischer ArbeiterInnen im Gegenzug des sozialen Aufstiegs unterer Segmente der ArbeiterInnenklasse gemeint.

I. Islamisierte Debatten

Kämpfen um leistbaren Wohnraum (Hausbesetzungen und Mietboykotts) und politische Teilhaberechte (kommunales Wahlrecht), in Arbeitskämpfen und wilden Streiks (z.B. Fordstreik Köln 1973), schließlich auch in selbst organisierten Sprachkursen, Beratungs-, Bildungs- und Freizeitangeboten. Wie neuere Arbeiten zur so genannten „Gastarbeitergeschichte" zeigen konnten, muss die Konjunktur der Integrationsdebatte seit den 1970er Jahren wesentlich auch als Antwort und Reaktion auf diese Kämpfe verstanden werden, die staatlicherseits aufgegriffen und repressiv als Forderung und Bringschuld gegen MigrantInnen in Stellung gebracht wurden: „Die Forderung der Kämpfe um Bildung und Wohnverhältnisse, die Selbstorganisierungen in Fragen von Recht und Gesundheit sollten im Imperativ der Integration zum Stillstand gebracht werden." (Bojadžijev 2008: 229)

Die mit dem Anwerbestopp 1973 einhergehende Restrukturierung des Migrationsregimes kann nach Bojadžijev entlang dreier Prinzipien beschrieben werden. Zum einen Verhinderung weiterer Migration („Zuzugsstopp") und „Rückkehrförderung", wobei die Rückkehr mit repressiven Maßnahmen durchgesetzt werden sollte. So wurden etwa in Österreich zwischen 1974 und 1976 55.000 und zwischen 1982 und 1984 nochmals 33.000 Menschen „rückgeführt" (vgl. Bauböck; Perchinig 2006: 730). „Durch die Verkoppelung der restriktiven Einreise-, Aufenthalts- und Rückreisebestimmungen [...] führte die sozialliberale Alleinregierung [Kreiskys] in Allianz mit dem ÖGB eine massive, vergleichsweise die größte europäische Vertreibung der MigrantInnen aus dem österreichischen Staat durch." (Bratić 2003: 41f.) Ergänzt und begleitet wurden diese beiden Maßnahmen durch das Prinzip der *Integration*. Im Kern ging es dabei um ordnungspolitische Maßnahmen zur „Vermeidung von sozialen Unruhen und den Erhalt der sozialen Kontrolle" (Bojadžijev 2008: 238). Jene MigrantInnen, die – zumindest vorerst – nicht „rückgeführt" werden konnten sowie jene, die infolge des verstärkt einsetzenden Familiennachzugs kamen, sollten zumindest als „Gefahr für den inneren Frieden" entschärft werden. Dabei wurden die in den migrantischen Kämpfen artikulierten Forderungen nach besseren Arbeits-, Wohn- und Lebensbedingungen aufgegriffen, aber herrschaftlich gewendet. „Das Dispositiv der Integration desartikuliert die kol-

lektiven Ansprüche, verschiebt sie hin zu individuellen Anpassungsleistungen der Migrantinnen und Migranten und reduziert sie auf Infrastrukturprobleme, denen am besten mit Rückkehrförderungen beizukommen sei. Vor allem aber ist die Forderung nach gleichen Rechten im Dispositiv der Integration vollständig absorbiert." (ebd.: 244) Deutlich wird das auch noch einmal durch das Setzen des Prinzips Integration als „flankierender Maßnahme" vor allem für Menschen der so genannten zweiten Generation:
„Benannten Migranten und Migrantinnen in ihren Kämpfen die Ausschlussmechanismen ihrer Kinder aus dem nationalen Schulsystem, so taucht dies als Maßnahme zur Prävention möglicher zukünftiger ‚Konfliktherde' im Integrationsforderungskatalog wieder auf. Diesmal aber im Gegensatz zur Artikulation in den Kämpfen der Migration als staatliche Anforderung: Es geht nicht mehr um das Recht auf Bildung, sondern um die Pflicht der so genannten zweiten Generation, sich sprachlich, kulturell und ‚staatsbürgerlich' für ein unbefristetes Aufenthaltsrecht zu qualifizieren. Kämpften Migrantinnen und Migranten in den Mietstreiks um angemessene Wohnverhältnisse, taucht in der administrativen Verordnung, ein Wohnraum von mindestens 12 qm pro Person müsse zur Gewährung der Aufenthaltserlaubnis gewährleistet werden, repressiv und restriktiv wieder auf. Fordern Migranten und Migrantinnen eine soziale Infrastruktur zur Artikulation und Repräsentation ihrer ‚Bedürfnisse', schlägt sich dies in den 1970er Jahren in der institutionalisierten Form der ‚Ausländerpädagogik' nieder, die ‚Ausländer' als neue Klientel funktionalisiert." (ebd.)
Im Zuge dieses Manövers wurde der Integrationsbegriff im Laufe der 1980er Jahre sukzessive kulturalistisch verengt und verlor weitgehend die Bedeutung gleichberechtigter Teilhaberechte: Integration wurde nun in erster Linie als kulturelle Anpassungsleistung an die Werte der Dominanzgesellschaft verstanden, die von MigrantInnen – und jenen, die selbst wenn sie hier geboren wurden, immer noch als solche markiert und adressiert ihren „Migrationshintergrund" auch nach zwei oder drei Generationen nicht abschütteln konnten – eingefordert wurde.

I. Islamisierte Debatten

In diesem Kontext sind auch die Argumente eines antirassistischen Multikulturalismus in die herrschende Politik eingegangen. Dieser hatte gegen die „Rückführungs"-Pläne der Konservativen eine Politik der „Toleranz" und „kulturellen Vielfalt" gepredigt, allerdings kaum die strukturellen Bedingungen reflektiert, unter denen die „Einheit in der Vielfalt" zustande kommen sollte, noch die problematischen Konsequenzen einer Politik bedacht, die „kulturelle Differenzen" zum Ausgangspunkt nimmt und gerade dadurch tendenziell naturalisiert.

Im Integrationsdispositiv wurden nun die Vorstellungen grundlegender kultureller Unterschiede übernommen, orchestriert, und verstärkt mit der kontrollierenden, disziplinierenden und erzieherischen Intervention des Staates verbunden. Dabei operierte der Integrationsdiskurs – medial unterstützt durch die Inszenierung drohender Ghettobildung, Parallelgesellschaften, migrantischer Jugendkriminalität und urbaner Desintegration – mit der beständigen Unterstellung der Rückständigkeit und des Verdachts der Korrekturbedürftigkeit, in denen nicht zufällig ältere Figuren der kolonialen Zivilisierungsmission anklingen.

Die imaginäre Grenze zwischen *Wir* und *Ihr*, *Eigenem* und *Fremdem*, „Aufnahmegesellschaft" und „Zugewanderten" wurde damit hegemonial stabilisiert. Die Relevanz jener Kategorien für Rassismus wird weiter unten nochmals vertieft. Ein politisches und begriffliches Grundproblem des Integrationsgedankens besteht jedenfalls bereits darin, dass die gesellschaftliche Zusammensetzung Europas glatt und containerhaft gedacht wird und staatliche Akteure jeglichen Zuzug aus anderen Nationalstaaten einer Verträglichkeitsprüfung unterziehen müssten. Völlig die Tatsache missachtend, dass Migrationsbewegungen immer schon integraler und konstituierender Bestandteil gesellschaftlicher Zusammensetzung waren und bleiben werden. Eine Dynamik, die der Integrationsgedanke auslagern und entlang von Staatsgrenzen politisieren möchte.

Die Paradoxie der Integrationsforderung liegt somit gerade darin, dass sie letztlich unerfüllbar bleibt. Die „Anderen" sind aufgefordert, nicht „anders" zu sein, und werden zugleich beständig als „anders" markiert und adressiert: „Die Dominanzgesellschaft fordert zwar Anpassung, macht sie aber gleichzeitig unmöglich, weil Ausgrenzung […] eben nur zweitrangig an einem tatsächlich ‚unangepassten' Verhalten festgemacht ist. Eine ‚gelungene' Anpassung kann daher gegebenenfalls nicht geglaubt, sondern vielmehr als Zeichen für Verdächtigkeit umdefiniert werden." (Böcker 2011: 359)[3] Der Integrationsdiskurs reproduziert beständig Ausschluss und Differenz, weil „unterschwellig immer der Verdacht gehegt wird, Assimilation sei oberflächlich, unvollständig und bloß vorgetäuscht" (Balibar 1992a: 33). Integrationspolitik funktioniert mittels Disziplinierung und bei einer Nicht-Anpassung ist dann auch mit Sanktionierung zu rechnen, wie Stuart Hall zugespitzt formuliert: „Diejenigen, die nicht dazugehören und die das nicht stillschweigend hinnehmen wollen, müssen polizeilich verfolgt, normalisiert und reguliert und zum Objekt symbolischer Ausschließung werden." (Hall 2000: 13)

Damit zielte die Integrationsdebatte zugleich auch auf Integrationseffekte nach innen, indem (supra)nationale Kollektividentitäten gestärkt wurden. Schließlich setzt der Integrationsimperativ auf der Vorstellung einer imaginären Homogenität der „Aufnahmegesellschaften" auf, die etwa in der Debatte um „Leitkultur" inszeniert und in der Konstruktion eines gemeinsamen Wissens- und Wertekanons in Einbürgerungstests performativ produziert wird. Tatsächlich dient Integration daher in erster Linie der kulturellen Sebstvergewisserung der Dominanzgesellschaft, also einer Normierung *des Eigenen* (vgl. Rommelspacher 1995).

Besonders im Kontext der neoliberalen Verwertungsoffensive seit den späten 1980er Jahren wurde dieser ideologische Kitt nach innen immer wichtiger, während zugleich der Leistungs- und Nützlichkeitsdiskurs (der die Debatte um Arbeitsmigration ja von Anfang an begleitet hat) erlaubte, zwischen „erwünschten" und „unerwünschten", „nützlichen" und „unnützen" MigrantInnen zu unterscheiden. Deutlich wird das etwa auch in den Debatten um Asylrecht, das durch die Erschwerung des Familiennachzugs und allgemein der restriktiven Migrationspolitik (Ausländergesetz-

---

3   Maxim Silverman hat in diesem Zusammenhang von einem „double bind" gesprochen, weil „die Gemeinschaft, der sich anzuschließen der Außenseiter/die Außenseiterin aufgefordert ist, […] jederzeit bereit [ist] diese Person aus Gründen ethnischer, nationaler oder kultureller Differenzen zurückzuweisen" (Silverman 1994: 42f., zit. n. Morgenstern 2002: 96).

paket 1990, Fremdengesetz 1993 in Deutschland; neues Asylgesetz 1991, Fremdengesetz und Aufenthaltsgesetz 1992 in Österreich) zur wichtigsten Einwanderungsstrategie von MigrantInnen wurde (vgl. Bojadzijev 2008: 247). Begriffe wie „Scheinasylanten" und „Asylmissbrauch", aber auch die vermeintlich „neutrale" Differenzierung zwischen „politischen Flüchtlingen" und „Wirtschaftsflüchtlingen" stützten die Hierarchisierungen der migrantischen Bevölkerung, die zusätzlich noch von der entmenschlichenden Metaphorik der medialen und politischen Sprache unterfüttert wurde, die Bedrohungsszenarien von „Flüchtlingslawinen", „Zuwandererströmen" und „Migrantenfluten" malte und vor „Überfremdung" warnte.

Diese Entwicklung muss auch im Kontext geopolitischer Verschiebungen betrachtet werden: Dem Zusammenbruch des Ostblocks, den Balkankriegen sowie der europäischen Integration und Erweiterung (Schengen; für Österreich auch im Kontext des EU-Beitritts). Migration wurde nun im öffentlichen Diskurs verstärkt als Problem der inneren Sicherheit („Ausländer als Kriminelle") thematisiert – was nicht zuletzt in der Kompetenzverlagerung migrationspolitischer Fragen ins Innenministerium zum Ausdruck kommt.

Die Verknüpfung der Gefahren- und Sicherheitsperspektive mit Migration, kulturalistischer Abgrenzungsstrategien und ökonomischem Nützlichkeitskalkül wird auch in den Gesetzestexten explizit, wenn von einer *„sozialen, kulturellen* und *ethnischen* Verträglichkeitsgrenze"* die Rede ist (Januschek; Matouschek; Wodak 1995: 24, Hervorhebung im Original). Dabei wurden fast wortwörtlich Forderungen der Neuen Rechten aufgegriffen. So formulierte etwa die FPÖ 1992 in ihren „Ausländer-Halt-Programmen": „Die Grenze der Zuwanderung müsse sich an der *sozialen, kulturellen und ethnischen* Verträglichkeit der Ausländer mit den Österreichern orientieren." (zit. n. Matouschek 2000: 32, Hervorhebung im Original) Zugleich gab es unmittelbare Konsequenzen seitens der kriseninduzierten Reorganisation der Arbeitsverhältnisse und Produktionsprozesse (Umstrukturierung und Niedergang der industriellen Sektoren mit hohem migrantischen Beschäftigungsanteil), infolge derer viele migrantische Arbeitskräfte ihre Jobs verloren und in Prekarität und/oder Illegalität gedrängt wurden.

An der grundsätzlichen Verkopplung restriktiver Kontrolle des „Neuzuzugs" und Integrationsimperativs gegenüber den „inländischen Ausländern" hat sich bis heute nichts geändert. Allerdings gilt mittlerweile *Integration* schon beinahe als „Synonym für Migration" (Hess; Moser 2009: 11). Das hat mithin damit zu tun, dass „auch konservative Kräfte, die noch in den 1980er Jahren die Mehrheit der ehemaligen Gastarbeiter ‚rückführen' wollten, im Integrationsbegriff eine Möglichkeit sehen, ihre migrationspolitischen Vorstellungen adäquat zu artikulieren" (Karakayali 2009: 95). Selbst wenn nun „politisch-korrekt" von „Menschen mit Migrationshintergrund" die Rede ist, dann klingt auch hier immer noch die kulturalistische Markierung der Nicht-Zugehörigkeit an, die sich „[m]it dieser undifferenzierten Bewertung des Geburtsorts als relevante Ordnungskategorie […] gefährlich in die Nähe der Astrologie [bewegt], die aus dem Geburtsdatum wesentliche Schlüsse für das Leben abzuleiten vermeint" (Perchinig; Truger 2011: 299).

... zu MuslimInnen

Ab den 1980er Jahren wurde im deutschsprachigen Raum in den Debatten um Migration und Integration nun auch Religion als Differenzmarker mobilisiert: „Bei der Verschiebung von ‚Ausländerfeindlichkeit' gegenüber türkischen und arabischen ‚GastarbeiterInnen' von einem Klassen- zu Kulturrassismus geriet die gemeinsame Religion einer Migrantengruppe, der Islam, in den Mittelpunkt der kulturalistischen Festlegung und differentialistischen Abgrenzung." (Dietze 2009: 29) Während die Religion der MigrantInnen jahrzehntelang überhaupt nicht thematisiert wurde, werden gegenwärtig verstärkt alle möglichen sozialen Problematiken kulturalisiert und mit *dem* Islam in Verbindung gebracht; wo früher von „Türken" die Rede war, sind plötzlich „Muslime" an ihre Stelle getreten (Yildiz 2009: 93).

Yasemin Yildiz hat diese „Wahrnehmungsverschiebung vom ‚Ausländer' zum ‚Muslim'" (Spielhaus 2006: 30) am Beispiel zweier Artikel der Zeitschrift *Der Spiegel* aus den Jahren 1990 und 2004 zu verdeutlichen versucht, die beide im Prinzip dasselbe Thema behandeln, sich in ihren Begriffen und Deutungen jedoch wesentlich unterscheiden:

I. Islamisierte Debatten

> „Der 1990 unter der Rubrik ‚Ausländer' erschienene Artikel ‚Knüppel im Kreuz, Kinder im Bauch' spricht dabei fast durchwegs von ‚Türkinnen'. [...] Ein weiteres Bild [...] zeigt eine Wandschmiererei ‚Türken raus', an der ein visuell als türkisch kodierter Mann mit seiner kleinen Tochter vorbeigeht. In dieser nicht zu übersehenden Häufung wird ‚Türkisch' als alles rahmendes und erklärendes Stichwort und als Determinante aller beschriebenen Handlungen produziert. Selbst in dem Bild ‚Türkische Koranschülerinnen' ist noch von Nationalität die Rede und nicht von Islam oder Musliminnen, Begriffen, die in dem ganzen Artikel nur am Rande auftauchen."

Im Gegensatz dazu im Artikel von 2004 „Allahs rechtlose Töchter": Hier werden

> „junge Frauen [...] in erster Linie mit dem Islam in Verbindung gebracht, der zugleich als patriarchalische Herrschaftsinstanz konstruiert wird. [...] Obwohl, wie im früheren Artikel, der Fokus allein auf jungen Frauen aus der Türkei liegt und somit Gewalt ethnisiert, spricht dieser neuere Text vorwiegend von ‚MuslimInnen' und stellt die Religion weit in den Vordergrund. [...] Religion, d.h. Islam, wird als Erklärungsmuster für ein breites Spektrum von Taten und Einstellungen angeboten, die in weiten Teilen denen in dem Artikel von 1990 entsprechen und dort national-kulturell erklärt wurden. Mit anderen Worten, die gleichen Erzählungen werden weiterhin reproduziert, aber mit neuen Vorzeichen versehen." (Yildiz 2009: 94f.)

Ähnliche Verschiebungen wie jene von TürkInnen zu MuslimInnen in Deutschland lassen sich auch in anderen europäischen Ländern beobachten. Frankreich ist hier ein gutes Beispiel, weil es dort als Konsequenz der französischen Kolonialgeschichte seit langem eine große Zahl von MigrantInnen aus „islamisch geprägten Ländern" und eine ebenso lange Tradition rassistischer Diskriminierung dieser Bevölkerungsteile gibt. Bis in die 1970er Jahre zielten rassistische Diskriminierungspraktiken auf *les immigrés*, die tief in der französischen Kolonialgeschichte wurzelnde Argumentationsfiguren gegenüber Menschen aus dem Maghreb und „AraberInnen" bündelten. Allerdings artikulierte sich dieser Rassismus noch nicht in explizit antimuslimischen Begriffen. Ab den frühen 1980er Jahren jedoch wurden MigrantInnen aus arabischen Ländern auch hier nicht mehr ausschließlich in Klassenbegriffen und die Herkunft betreffend als *migrantische Arbeitskräfte* diskursiviert, sondern als *MuslimInnen* adressiert und mit Kriminalität, Drogen und sozialer Unordnung verknüpft: „The 1970s equation ‚immigrant/worker = Arab = Algerian' was slowly displaced through the 1980s by another interchangeable set of terms, ‚Muslim = Arab = Algerian = Terrorist'." (MacMaster 2003: 296)

Warum aber konnten *der* Islam und *die* MuslimInnen eine so prominente Stelle in kulturalistischen Demarkationspolitiken einnehmen?

Zunächst sollte darauf hingewiesen werden, dass – nicht zuletzt als Konsequenz der Politik der Familienzusammenführung in einigen europäischen Ländern – „muslimisches Leben" in den europäischen Metropolen tatsächlich sichtbarer geworden und Religiosität nun auch öffentlich praktiziert wurde, sowie besonders bei der „zweiten Generation" identitäre Selbstentwürfe als „islamisch" oder „muslimisch" neue Prominenz erlangten. Seit Mitte der 1980er Jahre kann ein Wandel des Selbstverständnisses von MuslimInnen in Europa beobachtet werden (vgl. Tiesler 2006; Allen 2010): Nicht nur die Dominanzgesellschaft thematisiert plötzlich Kultur und Religion der ehemaligen GastarbeiterInnen, auch muslimische MigrantInnen der „ersten und zweiten Generation" beginnen sich zunehmend als MuslimInnen in nicht-islamischen Gesellschaften zu begreifen. Ebenfalls lässt sich ab Mitte der 1980er Jahre ein Anstieg „islamischer Gemeindegründungen und Moscheen" (Tiesler 2007: 25) feststellen, was darauf hindeutet, dass religiöse Praktiken nun auch vom privaten vermehrt in den öffentlichen Raum treten. Aus unterschiedlichsten Gründen bilden sich mit der „zweiten Generation" neue hybride Identitäten, für die Herkunft/Nation nicht zentraler identitärer Bezugspunkt ist: Das Herkunftsland der Eltern hat vielfach wenig emotionale und kulturelle Bedeutung und, wie Chris Allen für Großbritannien festhält, „the role and prominence of their religion – Islam – became increasingly important" (Allen 2010: 8).

Tiesler greift in diesem Zusammenhang das Schlagwort der „Neuen Islamischen Präsenz" in Europa auf (geprägt von Gerholm; Lithman 1988). Der Begriff betont „ihre erst seit wenigen Jahren währende Sichtbarkeit und Relevanz und zielt vor allem darauf, dass sie in Hinblick auf Herkunft und religiöse Zugehörigkeit gemeinhin nicht als Weiterentwicklung des historischen Islam in Europa betrachtet werden kann. Nicht zuletzt spiegelt eine solche Bezeichnung auch die Wahrnehmung der Muslime durch die (west)europäische Bevölkerung wider, denn ihr war der Islam bei Ankunft der ersten Gastarbeiter weitgehend unbekannt" (Tiesler 2006: 71). Die „Neue Islamische Präsenz" ist also Produkt der jüngeren Migrationsgeschichte.

Die neue Sichtbarkeit muslimischer Bevölkerungen in Europa, die ihre Religiosität auch öffentlich praktizieren, übersetzt sich allerdings noch nicht automatisch in identitätspolitische *claims of muslimness*. Die Tatsache, dass *muslimness* zu einer wichtigen Kategorie identitärer Selbstbeschreibung wurde – wobei die Konstruktion kollektiver muslimischer Identität ja die tendenzielle Vereinheitlichung von recht unterschiedlichen religiösen Alltagspraktiken, Verständnissen und Bezügen zum Islam erforderte (Tiesler 2007) – muss wesentlich auch als Antwort auf Identitätsdiskurse der Dominanzgesellschaft, auf Erfahrungen der Exklusion und rassistischer Diskriminierung verstanden werden: „Als die Muslime aufhörten, ihren Aufenthalt als zeitlich begrenzt anzusehen und begonnen hatten, ihr Leben auf einen dauernden Aufenthalt auszurichten – als sie sich erstmals wirklich niederließen – erfuhren sie Ablehnung von Seiten der Residenzgesellschaft und die Härte gesellschaftlicher Exklusion." (Tiesler 2006: 93) Insofern setzen sich diese neuen Identitäten auch nicht einfach aus importierten Versatzstücken und traditionellen Elementen aus den Herkunftsgesellschaften zusammen, sondern es handelt sich um die Konstruktion *neuer* Identitäten im Kontext rassistischer Diskriminierungserfahrungen, in denen „dem Islam" und der eigenen *muslimness* ganz neue Bedeutungen zugeschrieben werden. Tiesler ist deshalb zuzustimmen, wenn sie *muslimness* als moderne Kategorie begreift, „deren Kern nicht Religion ist, in der sich nicht in erster Linie die Religiosität des Individuums, seine religiöse Praxis, Glaube oder Verhältnis zu Gott ausdrückt, wohl aber seine gesellschaftliche Erfahrung und […] auch ein [politisches] *statement*" (Tiesler 2006: 148).

Im Kontext allgemeiner Identitätspolitiken seit den 1980er Jahren, in denen soziale Fragen sukzessive kulturalisiert und dadurch entpolitisiert wurden, lassen sich auch jene Entwicklungen einordnen. Die Konstruktion kollektiver Identitäten muss demnach vor allem als Antwort auf die Identitätsdiskurse der Dominanzgesellschaft und Erfahrungen der Exklusion verstanden werden.

„Entwürfe kollektiver *muslimischer* Subjektivität entstanden erst […] als Teil der europäischen Identitätsdiskurse insbesondere nach 1989, als Europapolitiker und Feuilletonisten sich verstärkt der Frage annahmen, was eine ‚europäische Identität' ausmache. […] Der Impuls bis hin zur Dringlichkeit, jene Gesellschaftsmitglieder muslimischen *Backgrounds*, die (oder deren Familienmitglieder) bereits seit gut zwanzig Jahren in europäischen Gesellschaften lebten, als Muslime zu kategorisieren, ist überwiegend eine Konsequenz jener dominanten Diskurse, die ‚islamische Elemente' im Konstrukt einer ‚europäischen Identität' ausgeschlossen wissen woll(t)en." (Tiesler 2006: 143f.)

Kurz, die Konstruktion des „muslimisch Anderen" diente als Negativfolie an der sich die Debatte um europäische Identität etwa im Rahmen der späteren Diskussionen um eine EU-Verfassung oder den Türkei-Beitritt abarbeitete.

Vom Kalten Krieg zum „Kampf der Kulturen"

Weder der allgemeine Trend zur Kulturalisierung und Religionisierung noch die „Neue Islamische Präsenz" erklären hinreichend, warum ausgerechnet „der Islam" als Differenzmarker eine derart prominente Diskursposition eingenommen hat. Auch Tiesler weist darauf hin, dass die Debatte um MuslimInnen in Europa Teil umkämpfter gesellschaftlicher Aushandlungsprozesse wurde. Vor allem bezüglich der Frage um Integration wird deutlich, dass es sich hier um ein weiter gefasstes Problem handeln muss. Nämlich um die Konstruktion der wirkmächtigen orientalistischen Dichotomie zwischen einem „christlich-säkularen Westen" und „dem Islam", die die alten Konfliktachsen der Zeit des Kalten Krieges zunehmend überformt und schließlich abgelöst hat. Wesentliche Denkfiguren, Bilder und Topoi der Konstruktion des „muslimisch

Anderen" entstammen diesen geopolitischen Diskursfeldern und wurden schließlich an europäische Migrations- und Integrationsdebatten gekoppelt.

„Rote" und „grüne" Gefahr
Für eine hinreichende Analyse ist es wichtig, die sowohl diskursiven als auch realhistorischen Verschiebungen geopolitischer Kontexte herauszustellen, ohne die die Kulturalisierung und „Islamisierung" innereuropäischer Migrations- und Integrationsdiskurse letztlich unverständlich bleiben muss. Auffällig ist nämlich, dass sich auch in den diskursiven Rahmungen geopolitischer Konflikte spätestens seit der Iranischen Revolution 1979, „Kultur" und spezifischer „Islam" als zentrale interpretative Referenzpunkte durchgesetzt haben, entlang derer ganz unterschiedliche Gründe und Ursachen globaler Konflikte abgeleitet werden konnten.

Wie Kai Hafez in seiner Studie über das Islambild in deutschen Medien herausgearbeitet hat, „wurde über den Islam in deutschen und anderen westlichen Medien [vor der Iranischen Revolution] kaum berichtet, sieht man von wenigen Ausnahmen wie der Pilger- und Fastenzeit ab" (Hafez K. 2010: 107). Dies ändert sich jedoch drastisch im Zuge politischer Ereignisse, die die Koordination, Konfliktachsen und Interpretationsraster der globalen Weltordnung entscheidend verschoben und „den Islam" ins Zentrum der Auseinandersetzung katapultierten: „Die Unterhaltungsberichterstattung über den Orient verschwand in Schockwellen aus der deutschen Presse, die sich vom Sechs-Tage-Krieg im Nahen Osten 1967 über die Iranische Revolution bis zum 11. September 2001 ausbreiteten." (ebd.: 108)

Die in der medialen Berichterstattung über den Iran mobilisierten Bilder konstruierten die Vorstellung von Islam und MuslimInnen als fanatisch, traditionalistisch, fundamentalistisch, und imaginierten die Revolution als Angriff auf Moderne und westliche Zivilisation schlechthin: „Drawing upon a vast historical frame of reference – both actual and mythological – […] the Islamic Revolution became seen to be something of a direct challenge to the West: one that saw Islam as a menacing power irrefutably focused on bringing down and subsequently overthrowing the West and everything that it [allegedly] stood for." (Allen 2010: 40)

Mit Ende des Kalten Krieges nahm die diskursive Wirkmächtigkeit solcher kulturalistischer Lesarten noch einmal bedeutend zu. Die Herausforderungen geopolitischer Neukonfigurationen erforderten auch entsprechende neue Interpretationen und Anpassungen der Eigen- und Fremdzuschreibungen. „Der Osten" befand sich als das Gegenüber „des Westens" im Streit um die Vormachtstellung auf dem Rückzug und wurde nach und nach durch „den Islam" verdrängt.

Dem zweiten Golfkrieg 1991 kam in dieser Hinsicht die entscheidende Bedeutung zu, den „tiefen Einschnitt in die Selbstlegitimation" des Westens nach der Implosion des Ostblocks zu kitten (Schulze 1991: 7). So wie der Koreakrieg 1950 dazu beitrug, die bipolare Weltordnung nach 1945 zu begründen und den „neuen Gegner" zu definieren – nicht zufällig sprach US-Präsident Eisenhower vom „Kreuzzug der Freiheit gegen den Kommunismus" – steckte der Irakkrieg die Koordinaten der Neuen Weltordnung ab: „Aus dem Osten wurde der Orient, aus dem Kommunismus der Islam, aus Stalin Saddam Hussein." (ebd.) Der „stalinistische Totalitarismus" wurde durch „den fundamentalistischen Islam", die „rote" durch die „grüne Gefahr" ersetzt. Dementsprechend hatte der damalige NATO-Oberbefehlshaber John Galvin bereits in den späten 1980er Jahren proklamiert: „Den Kalten Krieg haben wir gewonnen. Nach einer siebzigjährigen Abirrung kommen wir nun zur eigentlichen Konfliktachse der letzten 1300 Jahre zurück. Das ist die große Auseinandersetzung mit dem Islam." (zit. n. Fürtig 2002: 20) Besonders dort, wo MuslimInnen involviert sind, werden Konflikte seither in erster Linie als „Kampf der Kulturen" imaginiert: Sei es im Sudan, im Kosovo, in Indien, Palästina, Tschetschenien, Kaschmir, Bosnien, Afghanistan oder im Irak.

Einflussreichster ideologischer Stichwortgeber der Debatte war sicherlich der US-amerikanische Politikwissenschafter und Berater der Militärdiktatur in Brasilien, des Apartheidregimes in Südafrika sowie des US-Außenministeriums Samuel P. Huntington, der unter Rückgriff auf Thesen von Bernard Lewis diese Verschiebung auf die griffige Formel des „Kampfs der Kulturen" gebracht hat. Während Lewis (1964: 135) bereits 1964 die Ursachen der Krise im Mittleren Osten in Begriffen des „clash of civilizations" erklärt hatte, popularisierte Huntington diese Thesen und verallgemeinerte sie zu einer Welterklärungsformel, die „Kultur" und besonders die kulturelle Differenz zwischen Westen und Islam als Interpretationsraster geopolitischer Konflikte propagierte.

Huntington übersetzte hierbei die alten Dichotomien des Kalten Krieges zwischen Ost und West in die geopolitische Konstellation der Neuen Weltordnung nach 1989, deren Konfliktlinien nun entlang der Grenzen zwischen „Kulturen" verlaufen würden. Hilfreich zur Abgrenzung des Kulturbegriffs von Huntington gegenüber anderen möglichen Vorstellungen und Definitionen ist seine Pluralsetzung. Die Imagination von vielen unterschiedlichen Kulturen, die nebeneinander und damit auch hierarchisch über- und untereinander vergleichbar wären, die klar abgrenzbar in Form von Containern zu einander in Beziehung gesetzt werden können, ist letztlich Kernteil unzähliger Auseinandersetzungen in den Sozial- und Kulturwissenschaften. Was Huntington jedenfalls nicht meint, ist Kultur begriffen als gesellschaftlicher Bedeutungsträger, der dynamisch ist und durch Kämpfe etwa emanzipatorisches Potential aufweisen könnte. Huntington geht es um starre Begrifflichkeiten, die vor allem in der rassismustheoretischen Ausarbeitung im Kapitel III Teil der Analyse sein werden müssen. In einem einflussreichen Aufsatz in der Zeitschrift *Foreign Affairs*, dessen Thesen er ein paar Jahre später in seinem Buch aufgriff und ausbaute, behauptete Huntington: „It is my hypothesis that the fundamental source of conflict in this new world will not be primarily ideological or primarily economic. The great divisions among humankind and the dominating source of conflict will be cultural. […] [T]he principal conflicts of global politics will occur between nations and groups of different civilizations. The clash of civilizations will dominate global politics. The fault lines between civilizations will be the battle lines of the future." (Huntington 1993: 22) Zivilisationen fasst Huntington dabei als kulturell bestimmt, wobei der Kategorie Religion eine besondere Rolle zukommt: „[E]ven more than ethnicity, religion discriminates sharply and exclusively among people." (ebd.: 27) Die einzige diesbezügliche Ausnahme stellt der Westen dar, der sich durch „individualism, liberalism, constitutionalism, human rights, equality, liberty, the rule of law, democracy, free markets, the separation of church and state" auszeichne. Am problematischsten ist für Huntington „die islamische Zivilisation", die er als inhärent gewalttätig und fundamentalistisch fasst.

Die Ost-West-Rivalität wurde so redefiniert: „Der Osten" als Antithese „des Westens" bezog sich nicht mehr auf die staatskapitalistischen Systeme, sondern griff die ältere orientalistische Vorstellung einer „islamischen Kultur" als Gegnerin und Bedrohung der „westlichen Kultur" wieder auf (siehe ausführlicher Kapitel II). Altbekannte Bilder und Denkfiguren wie „Christentum versus Islam" und „Orient versus Okzident" erlebten dadurch eine Renaissance.

Über die (erneute) Konstruktion „des Islam" als „dem Anderen" konnten dabei einerseits wesentliche Elemente der identitären Selbstbeschreibung „des Westens" übernommen werden: Die Imagination des islamisch/muslimisch Anderen diente ebenso wie der kommunistische Osten zur Konstruktion des Westens als modern, aufgeklärt, demokratisch, liberal, etc.: „The self-definition of the west and its military, economic and ideological investment in the defense against communism need not be dismantled but could be directed toward the threat of this newly configured East. The same West (defined as individualistic, enterprising, egalitarian, peaceable and tolerant) is pitted against an East now embodied by Islam and characterized as fundamentalist, reactionary, terrorist, static and oppressive of women." (Qureshi; Sells 2003: 12) Für AutorInnen wie Edward Said handle es sich bei der These vom „Kampf der Kulturen" daher um nichts weiter als „a recycled version of the cold war thesis" (Said 2003: 69).

Dennoch markiert Huntington – trotz aller Kontinuitäten westlicher Selbstentwürfe und Feindbildkonstruktionen zwischen Kaltem Krieg und Neuer Weltordnung – aber auch eine entscheidende Verschiebung gegenüber den Ost-West-Dichotomien des Kalten Krieges. Während in der Systemkonkurrenz des Kalten Krieges Differenz hauptsächlich in gesellschaftspolitischen Begriffen gedacht wurde, löst sich bei ihm der Gesellschaftsbegriff in dem der „Kultur" auf – „der Islam" wird somit zur „gesamtkulturelle[n] Antithese zum Westen" (Schulze 1991: 7).

I. Islamisierte Debatten

Reflexiver Eurozentrismus

In den späten 1980er Jahren entstand folglich eine Konstellation, in der MuslimInnen als Gefahr diskursiviert wurden, die „den Westen" zugleich von außerhalb wie innerhalb seiner Grenzen bedrohte, indem sich die in geopolitischen Diskursfeldern wirkmächtige Rede vom „Kampf der Kulturen" mit den innereuropäischen Migrations- und Integrationsdebatten verschränkte. Denn die Konstruktion eines bedrohlichen „Außen" „tangiert zugleich die Wahrnehmung der aus dem ‚Außen' stammenden, also eingewanderten Menschen im ‚Innen', da sie sich an den nationalen Einwanderungsdiskurs ankoppelt" (Jäger 2010: 322; vgl. Allen 2010: 43).

Es war im Übrigen Huntington selbst, der seine geopolitischen Thesen auch auf migrationspolitische Fragen übersetzt hat. In seinem „Kampf der Kulturen" stehen sich „Kulturen" wie globale Parallelgesellschaften gegenüber – eine Konfiguration, die im Zuge der Migrationsbewegungen innerhalb der westlichen Gesellschaften reproduziert werden würde: Unkontrollierte Einwanderung und das demografische Wachstum muslimischer Bevölkerungen in Europa würden, so Huntington, zur „Entwestlichung" und zum „kulturellen Selbstmord" führen (1998: 500).[4]

Dabei ermöglichte die kulturalistische Markierung von „AusländerInnen" als „MuslimInnen", diese in ein neues Netz diskursiver Assoziationen einzubetten, die im älteren AusländerInnendiskurs kaum oder nicht möglich war. Weil „das muslimisch Andere" in transnational-religiös-zivilisatorischen Kategorien gedacht wurde, konnten im Imaginären Verknüpfungen zwischen als muslimisch wahrgenommenen MigrantInnen und etwa dem 11. September 2001 hergestellt werden. Chris Allen verdeutlicht diese Diskursverschränkung anhand zweier medial ausgeschlachteter Ereignisse in den 1980er Jahren, die globale geopolitische und innereuropäische Migrations- und Integrationsdiskurse ver-

---

4 Ähnliche Argumente finden sich in Bassam Tibis Thesen zum „Krieg der Zivilisationen", wo dieser behauptet, „massive […] Migrationsschübe" und die Akzeptanz der multikulturellen Gesellschaft würden zur „Selbstaufgabe des Westens" – zur „Entwestlichung" – führen (Tibi 1995: 15, 38, 194). Ganz nebenbei gehörte „Kampf der Kulturen" zu Jörg Haiders Lieblingsbüchern.

koppelten: Zum einen Khomeinis Fatwa gegen Salman Rushdie und die daran anschließende Debatte in Großbritannien, im Zuge derer britische MuslimInnen in dieselben Repräsentationen integriert wurden, die die Wahrnehmung Khomeinis bestimmten. Zum anderen die (ersten) Kopftuchverbots-Debatten in Frankreich; ergänzend können auch der so genannte „Karikaturenstreit" und die Debatten um männliche Beschneidung der jüngeren Vergangenheit genannt werden.

Begleitet und befördert wurden diese Prozesse durch Anstrengungen zur Konstruktion neuer Selbstentwürfe Europas im Kontext von neoliberaler Globalisierung und europäischem Einigungsprozess, im Zuge derer ältere nationalistische Anrufungen und Selbstbilder brüchig geworden sind. Insofern verweist die transnationale Konstruktion des muslimisch Anderen im Umkehrschluss auf jene Bilder, über die sich das „europäische Selbst" in einem transnationalen Raum verortet. So hat etwa Matti Bunzl die gegenwärtige Konjunktur antimuslimischer Positionen ganz grundsätzlich mit den jüngeren Debatten um ein europäisches Selbstverständnis verknüpft, in denen die Konstruktion eines muslimisch Anderen „weniger im Interesse nationaler Reinheit, denn als Instrument der Befestigung Europas" (Bunzl 2009: 39) funktioniert. Europäische Identität bestimmt sich hier in erster Linie negativ, d.h. in Abgrenzung zu Islam und MuslimInnen, die bislang als „AusländerInnen" adressiert wurden, im hegemonialen Diskurs nun aber zu MuslimInnen wurden, wodurch „der entgrenzende Aspekt der Transnationalisierung an ihnen dingfest gemacht und dadurch scheinbar kontrollierbar für das dominante Subjekt" (Yildiz 2009: 96f.) werden konnte. Kurz, die ständige Selbstvergewisserung Europas reartikuliert sich gegenwärtig durch „Othering des Islams" – eine grundlegende theoretische Figur rassistischer Argumentationsweisen, auf die weiter unten im Kapitel III noch näher eingegangen wird.

Gerade im Kontext dieser Debatten um „europäische" Identitäten haben sich auch Anschlussflächen für liberale und so genannte linke Islamdiskurse (Islam*kritik*) ergeben, die in der Konstruktion des europäischen Selbst nicht nur die Werte der Aufklärung mobilisieren, sondern besonders auch auf die reflexive Selbstkritik der europäischen Moderne im Zuge der Post-

68er-Bewegungen verweisen (siehe ausführlich Kapitel IV). Die besondere Leistung Europas bestünde demnach gerade in der Fähigkeit zu Selbstkritik und Selbstreflexivität, in der Überwindung von religiös begründeter Herrschaft, patriarchaler Unterdrückung, etc., während „der Islam" all jene Traditionalismen, Ausschlüsse und Ungleichheitsverhältnisse repräsentiert, die Europa längst hinter sich gelassen hätte. „Der Islam" erscheint somit als „Wiederkehr des Verdrängten", der eigenen vormodernen, voraufgeklärten Vergangenheit (Karakayali 2011: 99); muslimische MigrantInnen repräsentieren gewissermaßen das Mittelalter inmitten der europäischen Moderne und die Gefahr des Rückfalls in vormoderne Barbarei.

Spezifisches Kennzeichen eines solchen „reflexiven Eurozentrismus" oder „postliberalen Rassismus" ist demnach dessen „Fruchtbarmachung oppositioneller und kritischer Diskurselemente" (Karakayali 2011: 109), indem er beispielsweise feministische Gleichheitsvorstellungen, laizistische Staatskritik oder Errungenschaften der Schwulen- und Lesbenbewegung direkt mit kapitalistischen Fortschrittsideen verknüpft. Dabei werden inhärente Widersprüche von Inklusion, Exklusion oder ganz grundlegenden Ungleichheitsvorstellungen verschleiert und verkehrt, die für die Konstatierung einer spezifisch europäischen Vergesellschaftung notwendig sind (vgl. Tsianos 2010).

Dies wird etwa daran deutlich, dass sich der Integrationsdiskurs seit den späten 1990er Jahren „post-modernisierte […], indem er das diskursive Terrain der Demokratie und Menschenrechte für sich entdeckte" (Hess; Moser 2009: 18). Auffällig ist, dass in der gegenwärtigen Integrationsdebatte „zunehmend die Akzeptanz der Gleichberechtigung der Geschlechter und sexueller Vielfalt als konstitutive Merkmale einer freiheitlichen und demokratischen Gesinnung an[geführt wird], die von Einwander_innen geteilt werden müsse. Sexismus und Homophobie – nunmehr als kulturell charakteristisches ‚Merkmal' ‚anderer', ‚rückständiger' Kulturen konstruiert – lassen sich aus dem sich als emanzipiert, tolerant und fortschrittlich präsentierenden mehrheitsdeutschen Mainstream auslagern" (Böcker 2011: 361f.). Im Kapitel IV wird das noch einmal eingängig Thema sein, da dies zentral vor allem für das Verständnis von antimuslimischem Rassismus ist.

Die Unabgeschlossenheit der Forderungen der 68er-Bewegungen nach Gleichberechtigung von Frauen und Homosexuellen wird so kulturalistisch gewendet auf Islam und MuslimInnen projiziert und gleichsam als „muslimisches" Problem diskursiviert.

Zugleich funktioniert das Aufgreifen emanzipativer Forderungen im Rahmen eines solchen „reflexiven Eurozentrismus" als Immunisierungsstrategie, weil sofort zugestanden werden kann, dass auch Europa nicht immer modern gewesen ist, und durchaus auch „selbstkritisch" auf bestehende Probleme verwiesen werden kann. Damit unterläuft die Argumentationsstrategie zumindest vordergründig essentialistische Zuschreibungen.

Sonderlich neu sind solche Argumentationsfiguren eines „aufgeklärten Rassismus" freilich nicht. Schon die Legitimationsrhetorik kolonialer Zivilisierungsmissionen hat die eigene voraufgeklärte Vergangenheit auf außereuropäische Gesellschaften projiziert und Forderungen nach Emanzipation gegen die Kolonisierten in Stellung gebracht. So hat sich etwa der britische Generalkonsul in Ägypten Lord Cromer einerseits vehement gegen das Frauenwahlrecht ausgesprochen – immerhin war er Gründungsmitglied und zeitweilig Präsident der *Men's League of Opposing Women's Suffrage* – aber dennoch die Verschleierung und Unterdrückung der Frauen in Ägypten kritisiert und in kolonialpolitische Ambitionen eingespannt (Rommelspacher 2002: 114f.). Oft genug haben sich in diesem Kontext dann auch Interessenskonvergenzen mit der bürgerlichen Frauenbewegung ergeben.

Demnach stützte sich der liberale Rassismus des 19. Jahrhunderts zwar auch auf Behauptungen fundamentaler „rassischer" Differenzen, operierte aber ebenso oft über die verzeitlichte Vorstellung „kultureller Entwicklungsunterschiede", in denen „die Anderen" als „contemporary ancestors" (Fabian 1983) auftreten. Wenn nach Serhat Karakayali das wesentliche Kennzeichen des „postliberalen Rassismus" bzw. „reflexiven Eurozentrismus" zu Beginn des 21. Jahrhunderts darin besteht, dass hier MuslimInnen „nicht einfach ‚anders'" sondern als „Alter Ego, d[er] dunkle[n] Seite des westlichen Selbst" verstanden werden und der Unterschied zum klassischen orientalistischen Diskurs darin bestünde, dass dort „die ‚Anderen' durch eine unüberbrückbare kulturelle Grenze vom Westen getrennt waren", während „im Rahmen eines liberal-emanzipativ kodierten Orientalismus das ‚Andere' verzeitlicht" ist (Karakayali 2011: 100), so ist dieser Charakterisierung zwar im Kern zuzustimmen, sie unterschlägt jedoch die historische Tiefe solcher Argumente in der Geschichte des europäischen Rassismus. Nicht zuletzt dadurch dürfte sich wohl die Anschlussfähigkeit solcher Argumente auch in konservativen und rechten Kreisen erklären, die kein Problem damit haben, rassistische Diskriminierung in die Sprache der Emanzipation zu verpacken.

II.
Orientalist History X

Stereotypisierungen des „muslimisch Anderen" und Vorstellungen über „den Islam" schließen an die jahrhundertelange Gegenüberstellung des „Westens" und des „Orients" an. Der Dualismus des „Morgenlandes" und des „Abendlandes" oder des „Orients" und des „Okzidents" musste sich historisch aber auch erst durchsetzen. All jene Denkmuster, die dazu beigetragen haben, werden heute unter Orientalismus subsumiert. Als Mechanismus funktioniert auch hier die Konstitution des Eigenen über die Konstruktion des Anderen. Denn auch „der Westen" und „Europa" galten nicht immer schon als Zentrum der Welt, sondern mussten sich erst erfinden und über Jahrhunderte hinweg in jener Vormachtstellung platzieren, in der sie heute noch anzutreffen sind. Auch dies vollzog sich in mehreren Dimensionen politischer, ökonomischer, kultureller und militärischer Strategien. Daneben entstand durch emsige Tradierung von „gesellschaftlichen Diskursen" und „kulturellem Wissen" (Attia 2007: 10) über den Orient ein „Archiv von Bildern" (Berman 2007: 71), das bis heute je nach Bedarf zu medialen Inszenierungen abgerufen und für rassistische Politiken mobilisiert werden kann.

Der Orient existiert nicht

Die lange Geschichte westlicher Konstruktionen des Orients als das Andere, als Gegensatz zum Westen, hat Edward Said 1978 in seinem Buch *Orientalismus*, zwar nicht als Erster, jedoch sehr eindrucksvoll dargestellt. Er versteht unter Orientalismus im Allgemeinen eine diskursive Formation. Das bedeutet, dass der Orient als ein imaginierter Raum und Objekt des Begehrens, des Wissens und der Kontrolle (ständig) produziert wird. Gegenstand westlicher Orient-Diskurse ist demnach nie die historische Wirklichkeit, sondern der Orient als notwendig konstruiertes Erkenntnisobjekt. Die logische Schlussfolgerung daraus verneint den Orient als bloße (geografische) Naturgegebenheit, da er als solches – ebenso wenig wie der Westen, auch der Okzident genannt – nicht existiert (Said 2009: 12). Denn werden Quellen und deren Motive untersucht, seien es Reiseberichte oder Bilder, wurden sie seit jeher durch die Brille westlicher, imperialer und eurozentristischer Annahmen gesehen. Deswegen organisiert Orientalismus nicht bloß den Orient, sondern auch die Vorstellung einer essentialistisch gedachten, grundlegenden Differenz zwischen Orient und Okzident: Der Orient ist seinem Wesen nach (ontologisch) anders. Said spricht auch von einer „imaginativen Geografie", das bedeutet, der Orient wird als vorgestellter Raum zunächst abgegrenzt und schließlich mit kulturalistischen Zuschreibungen angereichert. Hier wird ein klassisches Beispiel für die Konstruktion des Anderen (*Othering*) sichtbar. Denn es handelt sich dabei um einen „komplexe[n] Prozess des Fremd- oder Different-Machens, der über eine dualistische Logik funktioniert, an dessen Ende die ‚Anderen' vis-à-vis dem ‚abendländischen Selbst' stehen" (Castro Varela; Dhawan 2007: 31). Said analysiert diese dualistische Struktur westlicher Orientdiskurse hinsichtlich dessen, wie Aussagen über „den Orient" und diesen zugrunde liegende Annahmen oder Vorstellungen reproduziert werden. Vor allem in Medien werden sie wiederholt platziert und verleihen dem Orientalismus sowohl Kohärenz als auch Evidenz mit einer „natürlichen" Selbstverständlichkeit.

Kritiken und Perspektiven

Mit Saids Buch *Orientalismus* wird die Geburtsstunde der postkolonialen Theoriebildung eingeläutet. In den postkolonialen Studien werden Saids Thesen zwar anerkannt, jedoch auch deren Schwachstellen erläutert.

Der Okzident erfindet sich selbst

Die Konstruktion von Identität bedarf nun eines Anderen, von dem sie sich abgrenzen kann. Dies funktioniert nach einer binären Logik, d.h. Identität speist sich über die Differenz von Gegensätzen und erst durch die Abgrenzung wird die eigene Identität sichtbar und erfahrbar. In Bezug auf den Orient bedarf der Okzident eines homogenen Orientbildes, das er als Anderes und vor allem auch Minderes setzt. So erhebt sich der Westen zur Norm und konstituiert in Differenzierung zum Orient sich selbst, ein Wir. Said kritisiert zwar in seinem Werk das klassische Bild eines homogenen vom Westen konstruierten Orientbildes, verfällt aber selbst der Setzung in zwei Pole. Denn auch er beschreibt den „hegemonialen Orientalismus als Totalität ohne Referenten und fernab innerer Konflikte" (Castro Varela; Dhawan 2007: 36), womit er ihn als Einheit fasst und damit den Dualismus reproduziert, den er zu überwinden suchte.

Als Weiterentwicklung postkolonialer Studien unter dem Einfluss früher Critical Whiteness Studies und marxistischer Theorien griff die Kritische Okzidentalismusforschung diese (Re)Produktion von Dualismen in der Theoriebildung auf und unterzog sie einer Kritik. Dadurch wurde versucht die starren binären Gegensatzpole aufzulösen und das eher monolithische Selbstbild des Westens, das Said suggeriert, zu differenzieren. Danach müssen die glatten Dichotomien des Saidschen Orientalismusbegriffs aufgebrochen und Konstruktionen des Anderen wie des Eigenen vor allem historisch, aber auch geografisch spezifischer diskutiert werden. Das gilt sowohl für die jeweiligen Besonderheiten orientalistischer Denkfiguren, die der Okzident produziert aber auch für die entsprechenden Selbstentwürfe in der Wissensproduktion des angenommenen Orients, die in Saids Forschung keinen Raum erhalten. Zudem hat der jüngere postkoloniale Feminismus nicht bloß auf die Gender-Blindheit Saids hingewiesen und eine feministische Perspektivierung auf den Orientalismus eingefordert, sondern auch in konkreten Studien ausgeführt (vgl. Spivak 1990; Yeğenoğlu 1998; Lewis 1996). Ebenso bleiben bei Said selbst die kolonisierten Subjekte erstaunlich stumm, ihre Perspektiven, Praktiken und Kämpfe spielen in seiner Analyse keine Rolle.

Vorkapitalistische Schauplätze?
Nach Said ließen sich Spuren des Orientalismus bis in die Antike zurückverfolgen, was ihm die (berechtigte) Kritik eingebracht hat, er stilisiere den Orientalismus zu einem quasi-überhistorischen Phänomen mit einer ahistorischen Struktur. Dort, wo Said den Orientalismus an konkrete gesellschaftliche und politische Ver-

hältnisse rückbindet, kann seine Argumentation aber wesentlich mehr Plausibilität beanspruchen. Ähnliches gilt auch für eine historisch gesättigte Rassismusanalyse, wie im Kapitel III noch ausgeführt werden wird.
Said verortet den historischen Entstehungskontext des Orientalismus der Moderne aus zweierlei Gründen erst im späten 18. Jahrhundert: Einerseits will er „die wesentlichen Bilder und Bewertungen anderer Kulturen nicht dort treffen, wo sie leicht als unzureichend erwiesen werden können, also etwa in der Reiseliteratur der Frühen Neuzeit, sondern dort, wo sie im Gewande unanfechtbarer Wissenschaft auftreten" (Osterhammel 1997: 598). Die Herausbildung des modernen Orientalismus stützt sich, so Said, auf die neu entstandene wissenschaftliche Disziplin der Orientalistik. Dies muss jedoch selbst im Zusammenhang mit der Durchsetzung formeller und informeller Herrschaft „des Westens" über „den Orient" betrachtet werden – die Geschichte des modernen Imperialismus ist zugleich eine Geschichte kolonialer Herrschaft. Er verweist ausdrücklich auf die enge Beziehung akademischer Wissensproduktion über „den Orient" mit dem Aufstieg imperialistischer europäischer Herrschaft, was er als entscheidendes Moment in der Herausbildung des modernen Orientalismus definiert. Nicht zufällig gilt deshalb die napoleonische Invasion Ägyptens 1798, die „mit der ersten in großem Stil kooperativ organisierten wissenschaftlichen Erforschung eines außereuropäischen Landes verbunden war" (ebd.: 600), als entscheidendes Moment in der Herausbildung des modernen Orientalismus.

In der nachfolgenden Debatte zu dem Buch *Orientalismus* ist oftmals auf die Spannung zwischen diesen zwei konkurrierenden Orientalismusbegriffen in Saids Text hingewiesen worden, in dem dieser zugleich als bis in die Antike zurückreichende Denkstruktur der europäischen Geistesgeschichte wie als im Kontext des europäischen Kolonialismus des späten 18. Jahrhunderts entstandene Diskursformation auftritt. Für Aijaz Ahmad etwa sind diese beiden Lesarten des Orientalismus – einerseits als jahrhundertealter „style of thought based upon an ontological and epistemological distinction made between ‚the Orient' and (most of the time) ‚the Occident'" und andererseits als im 18. Jahrhundert entstandene „corporate institution for dealing with the Orient […] in short,

Orientalism as a Western style for dominating, restructuring, and having authority over the Orient" (Said 1979, zit. n. Ahmad 1992: 179) – schlichtweg inkompatibel. Der verwirrende Effekt der Ausführungen Saids sei, dass „one does not really know whether ‚Orientalist Discourse' begins in the post-Enlightenment period or at the dawn of European civilization" (Ahmad 1992: 181), und folglich sei auch die von Said behauptete Wechselseitigkeit zwischen Kolonialismus und Orientalismus undeutlich.

Zusätzlich verkompliziert wird die von Said postulierte Verschränkung von orientalistischem Wissen und Kolonialherrschaft durch die Problematik der Repräsentation historischer Wirklichkeit. Kolonialismus hat sich immer auf Wissen gestützt. Die Geschichte des europäischen Kolonialismus ließe sich auch „als eine der Aneignung, Akkumulation und Verarbeitung, der Instrumentalisierung, Manipulation und Monopolisierung von Wissen schreiben, schließlich auch als eine des Kampfes um Informationshegemonie, den die Befreiungsbewegungen am Ende gewannen" (Osterhammel 2001: 241). Jene Spannung zwischen praktisch adäquatem und rein fiktivem Wissen bleibt bei Said letztlich offen.

Während diese Kritik auf ein reales Problem verweist, kann aber die Spannung zwischen Orientalismus als „deep structure" (Said) und kolonialer Diskursformation gelockert werden und die zwei Lesarten müssen nicht notwendigerweise als Widerspruch aufgefasst werden.

Orientalismus kann zugleich als „deep structure" begriffen werden, „which is able to multiply and proliferate in all kinds of ways" und dessen grundlegende Prämisse darin besteht, „that there is a line separating ‚us' from ‚them'" (Said 1997: 84), und in seiner modernen Erscheinungsform, im Kontext von Kolonialismus und Imperialismus untersucht werden. Die Variationen über ein grundsätzliches Thema werden folglich in der Moderne anders klingen als früher, sich aber dennoch aus historisch tiefer verwurzelten Elementen zusammensetzen. Wie Ania Loomba anmerkt: „[W]hile Said may have been wrong in projecting a simple ‚othering' of non-Europeans, especially Muslims, backwards into a precolonial past, we cannot conclude that because they had not yet been colonized, Africans or Muslims were *not* viewed as a threat in the early modern period. If, on the one hand, such views need to be differentiated from a nineteenth century Orientalism which rested upon colonial domination, then, on the other hand, it is equally problematic to unhook them entirely from a continuing history of religious and cultural tension and rivalry that can be traced back at least to the Crusades, and that finds repeated expression in re-workings of classical literature." (Loomba 2003: 13) Es scheint daher sinnvoll, wie weiter unten ausführlicher erläutert wird, unterschiedliche Phasen des Orientalismus zu differenzieren.

Grenz(land)orientalismus

Für eine kritische Rassismusanalyse wird es in weiterer Folge notwendig sein, Saids engen Orientalismusbegriff nicht nur historisch, sondern auch geografisch spezifischer zu diskutieren. Denn er hat seine Argumente hauptsächlich am Beispiel des englischen und französischen Kolonialismus erarbeitet. Demgegenüber konnten jüngere Arbeiten zeigen, dass sich etwa der Orientalismus im deutschsprachigen Raum anders entwickelt hat. Damit werden zu verallgemeinernde Grundannahmen, die Said für gesamteuropäische Entwicklungen ableitet, nochmals differenziert. Trotz der vergleichbar geringeren Kolonialerfahrung stellte beispielsweise Deutschland „kulturell und intellektuell gesehen im 19. Jahrhundert eine der Hauptquellen sorgfältigster orientalistischer Gelehrsamkeit" dar, da auch „von diesem geopolitischen Ort eine Vielzahl autoritative, mit universellen Ansprüchen ausgestattete orientalistische Erzählungen aus[gingen]" (Castro Varela; Dhawan 2005: 7). In ähnlicher Intention hat Andre Gingrich den Begriff *Grenz(land)orientalismus* (Gingrich 2006) vorgeschlagen, um die Spezifika orientalistischer Bilder und Denkfiguren in der Habsburgermonarchie (und Ländern wie Russland, Italien, Spanien) in den Blick zu bekommen, da deren Beziehungen zur „islamischen Welt" sich doch wesentlich von jenen Großbritanniens und Frankreichs unterschieden. Bedeutsam für die Konstruktion orientalistischer Bilder und Denkfiguren waren hier vorkoloniale Verstrickungen mit einer nahen „islamischen Welt" und die in diesen Zusammenhängen produzierten Bilder und Mythen. Konkret ging es etwa um die Verarbeitung der sogenannten „Türkenkriege" in Zentraleuropa oder die Auseinandersetzung mit „den Mauren" in Andalusien. Im Unterschied zum klassischen Orientalismus sei der Grenz(land)orientalismus aufgrund ausgeprägter kultureller, wirtschaftlicher, politischer, aber auch militärischer Verflechtungen mit „islamischen Nachbarn" stärker in Volkskultur und materialer Alltagskultur (Ortsnamen, Säulen, Inschriften, volkstümliche Geschichten, Dorfchroniken) verankert und nicht bloß Sache des gebildeten BürgerInnentums oder Klerus. Oft werden diese Verflechtungen mit Vorstellungen einer Grenzmission verbunden – eine Figur, die in der Rede von Österreich als „Bollwerk und Grenzland" gegen (Süd-)Osten bis ins 20. Jahrhundert nachwirkte. In diesem Kontext verfestigte sich auch die Vorstellung des Balkans als „Brücke zwischen Ost und West", als „Zwischenraum zwischen Europa und Asien" als „bridge between stages of growth, and this invokes labels such as semideveloped, semicolonial, semicivilized, semioriental" (Todorova 2009: 16).

Alles in allem variiert das Bild vom Orient im Laufe der Geschichte und unterliegt Konjunkturen, die das Muslimisch Andere einmal mehr und einmal weniger gewaltvoll erscheinen lässt. Je nach Interessenslage Europas können Phasen orientalistischer Diskurse ausgemacht werden, die im Folgenden schlaglichtartig Erläuterung finden. Damit soll nicht suggeriert werden, gegenwärtige islamisierte Debatten ließen sich alleine unter Verweis auf die Geschichte erklären. Vielmehr liefern sie jenen Pool an Referenzsystemen und Symboliken, die bereits als „Archiv von Bildern" beschrieben wurden. Auf jene wird immer wieder zurückgegriffen, jene können immer aktualisiert werden. Das ist allerdings noch nicht selbsterklärend für die Gegenwart eines antimuslimischen Rassismus, denn auch Verschiebungen der Kräfteverhältnisse und die Strukturiertheit der Gesellschaft müssen betrachtet werden. Anderseits übergeht eine Zirkulation von Bildern und Diskursen in Gesamteuropa nicht die jeweiligen Spezifika der betreffenden Länder, sondern beschreibt das Verständnis über eine Interaktions- und Transfergeschichte. Die folgenden Diskurse sind deshalb weniger als Abfolge zu verstehen als vielmehr im Sinn einer Überschichtung von Denkmustern, die für ein Verständnis spezifischer rassistischer Artikulationsweisen als erster Schritt notwendig sind. Wird allerdings ein Blick auf diverse Bilder und Erzählungen über den Orient bis zu den Kreuzzügen zurück geworfen und werden damalige Narrative „vom gefährlichen, fanatisierten Moslem, der die Existenz des christlichen Abendlandes bedroht" (Rommelspacher 2002: 100) beachtet, wird bei aller Absurdität schnell ersichtlich, dass solche Bilder in aktuellen politischen Debatten ganz selbstverständlich übernommen werden.

Etappen orientalistischer Bilder

Nach Nina Berman lassen sich historisch mehrere Etappen unterschiedlicher orientalistischer Diskurse nachzeichnen. Deren Charakteristika verändern sich im Kontext der jeweiligen Machtverhältnisse und gewähren einen Einblick in die konjunkturellen Dynamiken orientalistischer Differenzkonstruktionen.

Es waren einmal die Kreuzzüge

Eine erste Phase orientalistischer Diskurse konzentriert sich um den ersten Kreuzzug Ende des 11. Jahrhunderts und kann zwischen 900 bis 1350 verortet werden (vgl. Berman 2007: 71ff.). Das heutige Mittel- und Westeuropa legitimierte Kreuzzüge unter dem Deckmantel der *Heilsgeschichte*. Dies war dadurch möglich, dass im Mittelalter ein religiös definiertes Weltbild vorherrschte und der Rahmen für die Auseinandersetzung mit Nicht-ChristInnen über religiös-politische Abgrenzungen gesetzt werden konnte. Die zentrale Begründung für die Kreuzzüge seitens des Heiligen Römischen Reiches und der (europäischen) ChristInnen war die Reklamation des Heiligen Landes, also Palästina mit Jerusalem, als ihr Territorium. Gesellschaftlich wurde das zusätzlich durch Pilgerfahrten unterstrichen und gestärkt, da sich PilgerInnen in Massen in den Gebieten niederließen und die Bahn für die Kreuzzüge förmlich ebneten. Wie bei allen religiös legitimierten militärischen Übergriffen korrelierten auch die folgenden Kreuzzüge mit den ökonomischen und militärischen Expansionsinteressen westlicher Mächte.

Vorherrschend konstituierte sich die Identität Europas im Mittelalter über die *religiöse Zugehörigkeit* zum Christentum. Informationen über andere Religionen erhielt die Bevölkerung nur aus Predigten aus der Bibel und christlichen Interpretationen spätantiker Schriften. Nachdem die Konstruktion des Anderen immer auch die Konstitution des Eigenen bedient, war das mittelalterliche Islambild auch durch die eigenen Parameter aus jenen Quellen „vorgeformt" worden, bevor es überhaupt zu politisch organisierten Kontakten kam. Grundsätzlich wurde das Heilige Römische Reich nach christlicher Erzählung als das letzte Reich prophezeit, das nur durch den Antichrist besiegt und beendet werden könne. Dieses Bild des Antichristen wurde zum vielgebrauchten Mittel, um (politische) Gegner „theologisch zu disqualifizieren" (vgl. auch im Folgenden Höfert 2007: 85f.). Hieraus etablierte sich aber auch eine mächtige Denkformation, die vor allem gebraucht wurde, um Niederlagen gegen Nicht-ChristInnen zu erklären.

Hinzu kam, dass es im christlichen Denken jener Zeit keine wie in anderen Religionen durchaus mögliche Pluralität gleichberechtigter Religionen gab. Das Christentum wurde als der einzig wahre Glaube angenommen, weshalb MuslimInnen in erster Linie als Nicht-ChristInnen galten. Damit fielen sie auch automatisch in die „Kategorie fundamentalen Andersseins": „In dieser grundlegenden Dichotomie von Christen gegenüber Nichtchristen kamen für die Ungläubigen nur zwei mögliche Kategorien in Frage: Entweder wurden sie als Heiden eingeordnet, […] oder aber sie galten als Häretiker, als vormalige Christen, die vom rechten Glauben abgefallen waren." (ebd.: 88) Eine weitere dominante christliche Bezeichnung für MuslimInnen entwickelte sich in Spanien, wo der Begriff der *Sarazenen* geprägt wurde, der sich als gebräuchlichste Bezeichnung für MuslimInnen durchsetzte. Eigenbezeichnungen wie Islam oder MuslimInnen wurden vom Christentum schlichtweg ignoriert. Ebenso entwickelte sich das kollektive Wissen über „den Islam" nicht über Fakten, sondern entsprach einer Imagination „der westlichen Christenheit" über „den Islam". Auch der Prophet Mohammed wird zum „schillernden und sexbesessenen Schurken, der die naiven Sarazenen mit schwarzer Magie und falschen Wundern verführte, ein vom Teufel inspiriertes Gesetz verkündete und zum schlimmsten der orientalischen Häretiker aufgestiegen sei" (ebd.: 85f.).

Parallel dazu entstand eine antimuslimische und antiislamische Bildpropaganda. In der ersten Hälfte des 11. Jahrhunderts startet die französische Kirche jene Propaganda – gezeigt wurden

Bilder von hassenswerten, abscheulichen und lächerlichen Figuren, die des Lebens nicht wert seien (vgl. Lange 2010: 44).

Dazu kommt die Rechtfertigungsrhetorik in der theologischen Debatte. Besonders verblüffend mutet beispielsweise die Darstellung von Bernhard von Clairvaux aus dem 12. Jahrhundert an. Er setzte Muslime mit Tieren gleich und legitimierte darüber tatsächliche Verbrechen gegen Muslime, da sie „Teufel, Dämonen, ‚das an sich Böse' [und] unmissionierbar seien. Sie zu töten war daher nicht *homicide* (Mord), sondern *malicide*, Tod des Bösen" (Lange 2010: 43).

Osmanen – „Sie" kommen!

Mit dem Fall der letzten Kreuzfahrerfestung und der relativ raschen Expansion des Osmanischen Reiches im 15. Jahrhundert änderten sich die Strategien „westlicher" Herrschaft. Durch militärische (Rück)Schläge wurde das Osmanische Reich nun als fundamentale Gefahr für die gesamte Christenheit wahrgenommen. Die Eroberung weiter Teile Südosteuropas ging mit der blutigen und bis heute identitätsstiftenden Schlacht am Amselfeld (Kosovo) 1389 in die Geschichte ein. Mit dem Fall Konstantinopels 1453 waren die Auswirkungen für Europa dann endgültig (vgl. Berman 2007: 73). Die Angst vor der Osmanischen Macht brannte sich nun ins kollektive Gedächtnis, fand Eingang in die Köpfe der Menschen und in alle öffentlichen Bereiche (vgl. Höfert 2007: 98).

Der Begriff *Europa* erfährt in dieser Phase ebenfalls erstmals eine politische Aufladung. Wurde er zuvor noch eher geografisch gebraucht, wird Europa ab nun „mit der bedrohten Christenheit verbunden und in den politischen Diskurs eingebracht" (ebd.: 99). Als christliche Einheit steht es geschlossen der Osmanischen Gefahr gegenüber. Interessant erscheint, dass es sich im Zuge der notwendigen Eigenkonstitution zu dieser Zeit schon um eine Selbstvergewisserungsstrategie handelt. Immerhin befand sich das Europa der Reformationszeit inmitten von Spaltungen und territorialer Verluste. Dennoch gelingt es, sich als das authentische Zentrum oder Heimat (Lohlker 2010) der Christenheit zu behaupten – zuvor war das noch Jerusalem – und es erhält „im apokalyptischen Szenario eine heilsgeschichtliche Komponente"

(Höfert 2007: 100). Abseits realer Bedrohungen von außen konnte die Propaganda gegen „die Osmanen" wiederum für innere strategische Legitimierung, nicht zuletzt im Kontext der „Bauernkriege", verwendet werden. So konnten sozialpolitische Misslagen, die durch absolutistische Herrschaftsformen nicht in den Griff zu bekommen waren, kaschiert werden. Nichts rechtfertigt die Disziplinierung der Bevölkerung wohl besser als eine Bedrohung von außen: Die antiosmanische Propaganda wurde „für interne politische Probleme eingesetzt und eng mit Angelegenheiten des Absolutismus und der ‚sozialen Disziplinierung' der Bevölkerung verbunden" (Todorova 2009: 66, eigene Übersetzung).

Schon im 15. Jahrhundert lässt sich, durch die neue Möglichkeit des Buchdrucks, auch eine neue Qualität der Diskurse über „den Islam" feststellen. Das neue Medium ermöglichte auch die populären Klassen in eine Öffentlichkeit einzubeziehen, die sich wesentlich in Opposition zu „den Türken" artikulierte. „In Türkenmessen und Türkenpredigten sowie durch Türkenglocken verbreitete die Kirche die ‚Türkengefahr' unter der Bevölkerung, Türkenlieder taten ein Übriges, um den Schrecken über die Christen mordenden Türken zu verkünden. […] Die Etablierung des Buchdrucks zu dieser Zeit ermöglichte es, den Fall Konstantinopels zum ersten medialen Großereignis zu machen. Das erste Erzeugnis aus Gutenbergs Druckerpresse war bezeichnenderweise nicht die Bibel, sondern eine kurze Kampfschrift gegen die Türken." (Höfert 2007: 98f.) Waren es im Mittelalter noch beschriebene Darstellungen von MuslimInnen als Sarazenen, dominierte zwischen dem 15. und 18. Jahrhundert bereits die (ebenfalls falsche) Bezeichnung als Türken. Türke, als an Nationen gebundener Begriff war somit als Gegenbegriff eines religiös konnotierten Begriffs, Christ geboren.

Entsprechend der Denkfigur des Grenz(land)orientalismus verfestigte sich besonders in österreichischen Gebieten das Bewusstsein über das Bedrohungsszenario der „Türkengefahr". Verstärkt wurde dieses Bild durch die Belagerung Wiens 1529, welches sinnbildhaft für die Konkurrenz der Expansion des Osmanischen Reiches mit der der Habsburger nach Südosteuropa steht. Die Ausrufung der „Türkengefahr" seitens weltlicher und geistlicher Obrigkeiten fand darin ausreichend politische Begründung und manifestierte sich im „kollektiven Gedächtnis".

Im Vergleich zur ersten Phase konnte die Gesellschaft aufgrund des Buchdrucks und erhöhter Reisemöglichkeiten nun auch auf ein größeres Repertoire der Wissensgenerierung zurückgreifen. Im Zentrum stehen hier die Reiseberichte, die gespickt mit Erkenntnissen aus eigenen Betrachtungen und Meinungen einzelner AutorInnen waren. Die Reiseberichte unterschieden sich stark von den abstrakten christlichen antiosmanischen Schriften, da sich alltägliche Interessen der Reisenden nicht notwendigerweise mit den theologisch gerahmten apokalyptischen Erzählungen zu decken vermochten (vgl. ebd.: 86, 101). Damit fanden zwei wichtige Verschiebungen statt: Zum einen verlor *Religion* die zentrale Bedeutung in der Betrachtung „des Muslimisch Anderen", zum anderen etablierte sich hierfür *Kultur* als Differenzmarker. Durch die breiter aufbereiteten Überlieferungen der Reisenden gerieten vor allem Ordnungssysteme von Kultur, Sitten und Gebräuchen, aber auch Fragen nach der politischen Struktur, wie Regierung und Militär, in den Mittelpunkt. Auch wird der islamische Glaube zu dieser Zeit zum ersten Mal in westlichen Erzählungen von einigen AutorInnen anerkannt. Die Möglichkeit eines pluralistischen Bestehens von Religionen nebeneinander liegt in dieser Epoche begründet, dennoch: „Die Vorstellung der Sarazenen als Heiden und Götzenverehrer lebte aber in der populären Überlieferung und Bräuche [sic] bis in das 20. Jahrhundert fort." (Lohlker 2010)

Andere Andere – Alle gleich!

Was in der Geschichte des Orientalismus oftmals weniger Bedeutung erlangt, aber dennoch eine zentrale Rolle für die Konstruktion „des muslimisch Anderen" einnimmt, spielt sich zur selben Zeit an einem anderen Ort ab: die Entdeckung der „Neuen Welt". Dies trifft vor allem auf den heutigen angloamerikanischen Raum zu. Deutlich wird am britischen Beispiel, dass Diskurse über Andere sich gegenseitig überlagern und jeweils bei den Stereotypisierungen anderer Anderer willkürlich aufgegriffen werden. BritInnen konnten sich aufgrund der erhöhten Reisemöglichkeit in einem triangulären geografischen Beziehungsgeflecht bewegen (vgl. Matar 1999). So hielten sie auch nicht bloß imaginierte Kontakte mit Menschen aus dem unbezwingbaren Osmanischen Reich, sondern auch mit Menschen aus Afrika (Mauren) und Amerika. Diskurse über MuslimInnen konnten über diese Erfahrungen auch über Stereotype bestimmt werden, die ursprünglich afrikanischen und amerikanischen Menschen galten. Militärische Vorgehensweisen und sexuelle Phantasmen, die als Vorurteile für „die einen" etabliert wurden, fanden sich plötzlich in der Beschreibung von „den anderen" wieder. Ignorante Repräsentationen der Anderen wurden demnach nicht bloß willkürlich geborgt, sondern förmlich einem „anderen Anderen" übergestülpt (Matar 1999: x). Gerade weil

> „Muslims were beyond colonial reach, Britons began to demonize, polarize, and alterize them. In a frenzy of racism and bigotry [...] dramatists and travelers, theologians, and polemicists created the representations that would define early modern Britain's image of the Muslims. They established in their popular and widely read works the stereotype of the Muslim – a stereotype that was presented and re-presented in numerous plays and pageants, and that gained wider appeal and permanence than the stereotype of the Jew or the American Indian. The ‚Turk' was cruel and tyrannical, deviant, and deceiving; the ‚Moor' was sexually overdriven and emotionally uncontrollable, vengeful, and religiously superstitious. The Muslim was all that an Englishman and a Christian was not: he was the Other with whom there could only be holy war" (Matar 1999: 12f.).

Wichtig erscheint, dass obwohl oder gerade weil MuslimInnen außerhalb des kolonialen Zugriffs Englands standen, sie zumindest im Imaginären beherrscht und kontrolliert und als Bedrohung entschärft werden sollten. Nabil Matar bezeichnet dies als „einen Akt psychologischer Kompensation und stellvertretender Selbstvergewisserung" (ebd.: 16, eigene Übersetzung). Je weniger sich dieser Dominanzdiskurs in reale Herrschaft übersetzte, desto stärker wurden stereotype der *Native Americans* auf MuslimInnen projiziert, sodass schließlich für einige AutorInnen die Begriffe „Indian" und „Moor" austauschbar wurden.

II. Orientalist History X

Turcomania – Hype!

Zurück zum kontinentaleuropäischen Raum: Hier war die dritte Phase 1683 bis 1780 durch die politische Schwächung und die Entmachtung des Osmanischen Reiches geprägt. Die Machtbeziehungen veränderten sich gegen Ende des 18. Jahrhunderts entscheidend. Zwar wurden weiterhin Kriege zwischen beispielsweise Russland und dem osmanischen Reich geführt, doch ergaben sich auch Kooperationen zwischen „Preußen und Türken und zwischen Habsburgern und Türken, die in den Kriegsbündnissen im 1. und 2. Weltkrieg und der bis heute anhaltenden deutsch-türkischen Kooperation ihre Fortsetzung fanden" (Berman 2007: 75). Trotz des diplomatischen Gewands waren und sind diese Beziehungen asymmetrisch. Dennoch unterstreicht diese Phase insbesondere ein ausschlaggebendes Moment in den Mechanismen der Konstruktion des Eigenen und des Anderen, nämlich den unterschiedlichen Rückgriff auf besonders negative Assoziationen aus dem Archiv von Bildern. Der zunehmende Machtverlust des osmanischen Reiches ermöglichte ein neues Türken- und Islambild, das nicht mehr lediglich von Bedrohungsszenarien gespeist wurde: MuslimInnen waren Objekt der Neugier und der Exotisierung. Auch die durch die Aufklärung beginnende Idee der Trennung von Staat und Kirche, der so genannten Säkularisierung, und die Etablierung der Orientalistik ermöglichte eine neue, zutiefst bürgerliche, religiöse Toleranz (vgl. ebd.: 75).

Die Gewichtungen bei der Konstruktion „des muslimisch Anderen" lagen nun weniger im Feindlichen, sondern verlagerten sich auf die Faszination und Exotisierung des Osmanischen Reiches. Diese wurden in weiten Teilen Europas zelebriert, es ging sogar so weit, dass in Bezug auf „das muslimisch Andere" von einer „Turcomania" gesprochen wird. Also einer Begeisterung für türkische kulturelle Erzeugnisse jeglicher Art. So kam beispielsweise die Tulpe über osmanische Verbindungen nach Europa, die heutzutage nur mehr mit den Niederlanden verbunden wird. Der Kaffee fand ebenfalls zu dieser Zeit Einzug in Europa und stieß auch auf ordnungspolitische Interessen, da er in entscheidendem Maße zu einer Entalkoholisierung der Bevölkerung beitrug. Die britische *Teatime* erscheint weniger britisch, verweist man auf die Einführung des Tees nicht nur über indischen Handel, sondern auch auf osmanische Einflüsse (vgl. ebd.: 75f.).

Das Archiv von Bildern lässt sich hier durch ein neues Selbstbewusstsein europäischer Mächte ergänzen. Negative Orientbilder dominierten zwar weiterhin auch die Literatur, die durchzogen war von westlichen, chauvinistischen Vorstellungen und Stereotypen, doch wurden sie auch durch neue Perspektiven ergänzt. Lessing und Goethe beispielsweise setzten sich mit arabischer, persischer und türkischer Literatur auseinander, Übersetzungen folgten und schufen damit auch ein erweitertes Verständnis für die Verarbeitung des Anderen. Auch „diente der ‚Orient' […] als Projektionsfläche für die homoerotischen Wunschphantasien der europäischen Bohème. […] [W]o gleichgeschlechtlicher Sex […] auf keinerlei Diskriminierung und subkulturelle Gettoisierung traf" (Klauda 2008: 17). Die intellektuelle und literarische Auseinandersetzung mit „dem Orient" befindet sich von bürgerlicher Seite her in der Blütezeit, verlässt aber trotzdem nicht orientalistische Argumentationsweisen – Exotisierung gilt somit nur als Platzhalter für Herabminderung.

Kolonialismus – Ahoi!
Die vierte Phase von 1780 bis 1945 steht im Zeichen des modernen Kolonialismus und Imperialismus. Politisch gewinnt diese Phase durch die Aufklärung und Moderne eine neue Dimension. Neue Denkmuster von Modernisierung, Fortschritt und Zivilisation rücken Europa noch ein Stück weiter in das Zentrum der Welt. Europäische Welterfassung und Expansion finden im Inneren wie Äußeren besonders ordnungspolitischen Niederschlag. Auch für die Wissenschaftsproduktion bedeutet dies einen Einschnitt. Im Bereich des wissenschaftlichen Rassismus werden bereits erwähnte Differenzenmarker wie Religion und Kultur vor allem um jene der Biologie erweitert. Das Entstehen eines modernen Orientalismus geht also einher mit modernen Konzeptionen rassistischer, aber auch geschlechtlicher Differenz, die besonders auf biologistischen Argumentationen fußen.

Sinnbildhaft für die Konstitution eines Europas als Zentrum der Welt etabliert sich im Kontext der Aufklärung die Universalgeschichte. Also der Anspruch auf eine gemeinsame umfassende

Geschichtsschreibung, die neben vereinzelnden Erfahrungen und Geschichten nun ein ganzheitliches Bild der Welt zeichnen möchte. Die Verallgemeinerung wird zwar als löblicher Versuch der Aufklärung betrachtet, objektiv und sachlich auf die Welt und die Geschichtsschreibung einzuwirken. Doch etabliert sich hier ein zutiefst eurozentristischer Blick. Europa gelingt es, sich als *ratio* der Welt zu behaupten und etabliert ein Entwicklungsdenken einer gehend mit einer Zivilisierungsmission, die exotisierende Zugriffe auf den Orient fortschreibt und die es bis heute nicht abzulegen vermochte. Saids Kritik am Orientalismus setzt vor allem hier an.

Der politische Unterschied zu einer vormals konstatierten „Türkengefahr" beziehungsweise „Osmanischen Gefahr" liegt nun qualitativ in einem viel umfassenderen Zusammenhang von Ordnung und Hierarchisierung der Welt. Hier entstand das Bild der „islamischen orientalischen Despotie" im Gegensatz zu einem „christlichen aufgeklärten Europa". Gestärkt von den Entwicklungen nach der französischen Revolution, den Herausforderungen der kolonialen Organisation Indiens, der Aufteilung des Osmanischen Reiches und der Erosion Chinas wurde als Legitimationsfigur für imperiale und koloniale Politiken eine „angebliche *zivilisatorische* Kluft zwischen Ost und West" (Osterhammel 1998: 308, zit. n. Krämer 2007: 118) konstatiert. Damit änderte sich der Blick auf Asien in dem Sinne, dass die Bewunderung der Geringschätzung Platz machen musste. Ein ähnliches Muster wurde schon unter den spezifisch britischen Bildern über „den Orient" angedeutet, nur werden sie nun unter aufklärerischen Vorzeichen konstruiert. Der Historiker Jürgen Osterhammel spricht deshalb zu Recht von der „Entzauberung Asiens" (Osterhammel 1998). Asien beziehungsweise weite Ausläufer „des Orients" entpuppten sich als kein „wehrloses Objekt kolonialer Begierde (und Unterwerfung)" und mussten demnach mit einem „Politikdefizit und Subjektivitätsmangel" (Krämer 2007: 120) ausgestattet werden: So wurde „der Islam" zum „despotischen Islam" erklärt und das Bild des barbarischen Zerstörers christlich-antiken Erbes fortgeschrieben (ebd.: 124).

Zwischenstopp

Die fünfte Phase bezeichnet die Zeit der Dekolonisation ab 1945 und bringt uns zurück zu den im Kapitel I skizzierten islamisierten Debatten. Die bisherigen Ausführungen zu variierenden Ausdrucksweisen „des Antimuslimischen" geben einen groben historisch diskursiven Überblick, zeigen also, wie bestimmte Bilder, Denkfiguren und Diskriminierungspraktiken überhaupt zu einer gewissen Dominanz gelangt sind. Für eine inhaltlich und historisch gesättigte Rassismusanalyse soll die Basis für das spezifisch „Antimuslimische" in der zweiten Hälfte des 20. Jahrhundert entlang von zwei Dimensionen, nämlich der Migrations- und Integrationsdebatten und der geopolitischen Verschiebungen, gelegt sein. Bis heute gültige allgemeine Trends der Kulturalisierung von sozialen Problemlagen und geopolitischen Konstellationen, die immer mehr in Begriffen des „Kampfs der Kulturen" diskutiert werden, lassen sich zeitlich weitaus früher als mit dem 11. September 2001 verorten. Mit einer historischen Analyse lassen sich rassismustheoretische Konzeptionen des *Othering*, Inklusion und Exklusion gestützt auf kritische Erweiterungen von Saids Überlegungen zu *Orientalismus* jedenfalls differenzierter diskutieren. Denn es gilt nun festzuhalten, dass es keine naturgegebenen Wirklichkeiten, sondern Diskurse sind, durch die beispielsweise „der Orient" als Objekt erst hervorgebracht und dadurch im Umkehrschluss „der Okzident" bzw. „der Westen" ebenso erst konstruiert wird. Das bedeutet, es geht um einen Diskurs, der um eine binäre (ontologische) Differenz und Logik organisiert ist und ganz wesentlich in Projekte und Politiken kolonialer Herrschaft verstrickt und eingeschrieben ist. Said spricht deshalb von Diskursen, um die Verflochtenheit von Macht, Herrschaft und Wissen zu thematisieren. Postkoloniale Kritiken konnten hier durchaus anknüpfen, bestimmte Sichtweisen erweitern und kritisieren, aber vor allem auch spezifizieren. Die Notwendigkeit der *geografischen* Spezifizierung wirkt sich im Speziellen auf den deutschsprachigen Raum aus. Mit der Habsburgermonarchie ergab sich eine „Grenzsituation", für die vor allem zwei Besonderheiten hervorgehoben werden können: Zum einen sind orientalistische Vorstellungen tiefer in der Alltagskultur verwurzelt; zum anderen drückt sich eine besondere Ambivalenz in der Konstruktion „des Islam"

II. Orientalist History X

und „der MuslimInnen" im Sinne übermächtiger GegnerInnen als reale Bedrohung sowie über Versuche der Eingemeindung aus. Daran anknüpfend bedarf es einer *historischen* Spezifizierung, weil Said seine Ausführungen zum Orientalismus eng mit dem Kolonialismus des 18. Jahrhunderts als entscheidenden Einsatzpunkt in Verbindung bringt: Die der konkreten „Grenzsituation" durch die so genannten „Türkenbelagerungen" im 16. und 17. Jahrhundert „vor Wien". Zuletzt gilt der spezifische *Perspektivenwechsel*, den die okzidentalismuskritischen Studien verfolgen, als ausschlaggebend: Mit dem Fokus auf die Dialektik, die bei Said schon im *Othering* angelegt ist, oder auf die Konzentration der Konstruktion des „Wirs", also des Selbstbildes bzw. der europäischen Selbstentwürfe innerhalb orientalistischer Diskurse.

Das kommende Kapitel wird nun an jene Ausführungen zu ambivalenten Bildern und Denkfiguren, die sich als Archiv von Bildern in ein kollektives „europäisches" Gedächtnis eingeschrieben haben, konzeptuell anknüpfen. Einige der bereits gefallenen Begriffe werden für die rassismustheoretische Aufarbeitung wieder aufgegriffen und deren Relevanz für theoretische Debatten nochmals ausgeführt werden. Denn nur durch adäquate begriffliche Bestimmungen lassen sich gegenwärtige Konjunkturen verstehen und erklären und letztlich auch bekämpfen.

III.
Rassismus

Die bisherigen Ausführungen zu historischen und aktuellen Konstruktionsprozessen „des muslimisch Anderen" sollten deutlich machen, dass antimuslimische Diskurse über Zuschreibungen funktionieren, die „den Islam" und „die MuslimInnen" als das Andere konstruieren und zugleich auf das eigene Selbstverständnis „des Westens", „des Okzidents" oder „Europas" verweisen. Ebenso deutlich sollten die Konjunkturen antiislamischer und antimuslimischer Denkfiguren, Bilder, sowie Diskriminierungspraktiken geworden sein, die sich historisch nicht immer gleichförmig artikulieren, sondern sich in Resonanz zu den jeweiligen gesellschaftlichen (Kräfte)Verhältnissen verändern.

Für eine effektive antirassistische Politik und Praxis kann es aber nicht genügen, diese Phänomene einfach zu konstatieren. Ohne theoretische Reflexion laufen antirassistische Strategien ins Leere. In der kritischen Forschung ebenso wie in politischen Debatten antirassistischer Zusammenhänge werden Konstruktionsprozesse „des muslimisch Anderen" sowie darauf basierende Diskriminierungspraktiken nun unter recht unterschiedlichen Begriffen verhandelt. Am häufigsten fällt wohl das Schlagwort „Islamophobie", aber auch „Islamfeindlichkeit" oder „Antimuslimismus" sind gebräuchlich. Die Defizite solcher Ansätze sollen konkret im Kapitel IV deutlich werden. Zunächst gilt es jedoch zu begründen, warum und in welchem Sinn ich vorschlagen möchte, besser von antimuslimischem *Rassismus* zu sprechen. Schließlich wird der Begriff in der Debatte keineswegs allgemein akzeptiert. Das verwundert nicht, denn gesellschaftlich herrscht keineswegs Konsens darüber, was unter Rassismus genau zu verstehen ist, ebenso wenig wie in der rassismustheoretischen Debatte eindeutig bestimmt ist, welche Phänomene, Praktiken, Diskurse und gesellschaftlichen Verhältnisse als rassistisch charakterisiert werden sollten. Ein schrittweises theoretisches Verständnis von Rassismus wird im Weiteren Thema, weil antimuslimischer Rassismus nicht nur als politischer Kampfbegriff verstanden werden soll, sondern als gesellschaftstheoretische Konzeption, die sich speziell in Resonanz zu den zuvor beschriebenen Veränderungen auswirkt.

Eine Klärung der Begriffe ist also notwendig: Erst auf der Grundlage einer adäquaten Vorstellung dessen, was unter Rassismus zu verstehen ist, kann die Problematik des antimuslimischen Rassismus sinnvoll entwickelt und in antirassistische Politik und Praxis übersetzt werden, die ja selbst maßgeblich vom jeweiligen Rassismusverständnis mitbestimmt ist.

Kampf der Begriffe I: Feindlichkeiten, Hassallüren und Phobien

Bis heute ist die deutschsprachige Rassismusforschung dadurch behindert worden, dass alltagssprachlich wie wissenschaftlich zumeist von „AusländerInnenfeindlichkeit, „Fremdenhass", „Ressentiments" oder „Xenophobie" die Rede ist, wenn eigentlich von Rassismus gesprochen werden sollte. Das ist sowohl Resultat historischer Tabuisierung als auch theoretischen Engpässen zu verdanken.

Der Rassismustheoretiker und Aktivist Mark Terkessidis bringt die Besonderheit der deutschsprachigen Debatte mit der spezifisch deutschen Geschichte in Verbindung. Dabei kommt er zu dem Schluss, dass der Begriff des Rassismus beinahe ausschließlich für „Taten und Gedanken, deren Grundlage das Konzept ‚Rasse' war" reserviert ist (Terkessidis 2004: 13). Deshalb wurde der Rassismusbegriff hauptsächlich auf die biologistischen Rassentheorien des 19. und frühen 20. Jahrhunderts und besonders auf den Nationalsozialismus bezogen und/oder als gesellschaftliches Randphänomen rechtsextremistischer und neonazistischer Bewegungen verhandelt. Dadurch sollte nicht zuletzt der Bruch der Nachfolgestaaten mit dem Nationalsozialismus verdeutlicht werden, die sich so als nicht- oder sogar antirassistisch imaginieren konnten. Schließlich war nach 1945 – spätestens mit dem *UNESCO* „Statement on Race"[5] 1950, in dem führende Biolo-

---

5   Im späteren „Statement on Race" von 1951 wird die Kritik am wissenschaftlichen Status des *Rasse*begriffs allerdings wieder in entscheidenden Punkten abgeschwächt und zurückgenommen.

gen, KulturanthropologInnen und Psychologen dem *Rasse*begriff breitenwirksam die wissenschaftliche Grundlage entzogen – die Verwendung von „Rasse" und die Einteilung der Menschheit in „Rassen" in der öffentlichen Debatte weitgehend diskreditiert und tabuisiert worden. Mit dem Verschwinden des *Rasse*begriffs aus dem offiziellen Sprachgebrauch war freilich Rassismus nicht verschwunden, sondern andere Differenzmarker, wie beispielsweise „Ethnie" und „Kultur", kamen in der Öffentlichkeit mehrfach zum Tragen. Mit der Verabschiedung des *Rasse*begriffs ist im selben Atemzug allerdings auch die Auseinandersetzung mit Rassismus entsorgt worden. Allenfalls zur Beschreibung des Apartheidsystems in Südafrika, oder der „Rassenunruhen" in den USA wurde von Rassismus gesprochen; für den deutschsprachigen Kontext jedoch kann ein „Nachkriegstabu" (Bielefeld 1998: 12; Bratić 2003: 38) konstatiert werden, das darauf gründe, dass „sich nicht mehr über Rassismus reden [ließ], ohne den nationalsozialistischen Genozid der europäischen Juden mitzudenken" (Singer 1997: 53): Aufgrund des Rückbezugs des Begriffs auf den Nationalsozialismus wurde Rassismus in erster Linie als *historisches* Phänomen verstanden, aber nicht auf die Gegenwart bezogen – außer als Problem rechtsextremer Bewegungen und ungebildeter „*Lumpen*proletarier". In dieser diskursiven Anordnung „greifen, um es mit Michel Foucault zu sagen, die ‚Prozeduren der Kontrolle und Einschränkung des Diskurses' […], die in der öffentlichen Diskussion den demokratischen Staat und die zivile Gesellschaft als Orte des Rassismus desartikulieren sollen" (Müller 2002: 227). Rassismus wurde so an die extremen Ränder geschoben und nicht als Phänomen verstanden, das auch aus der Mitte der Gesellschaft kommt. Gleichzeitig gewannen jene Diskurse, die in diesem Sinne als rassistisch erkannt und analysiert wurden noch immer nicht genügend Aufmerksamkeit bzw. werden sie bis heute keiner entsprechenden Aufarbeitung unterzogen.

Als nun verstärkt seit den 1970er Jahren mit der beginnenden Integrationsdebatte, der medialen Inszenierung eines „AusländerInnenproblems" und rechtsextremen Kampagnen und Anschlägen die Diskriminierung von MigrantInnen ins Zentrum der öffentlichen Aufmerksamkeit rückte, wurde folglich nicht über Rassismus diskutiert. Dafür „schien der Begriff […] ungeeignet, da die damaligen Verhältnisse offenbar keinem Vergleich mit dem Holocaust standhielten. Insofern behalf man sich mit Bezeichnungen wie ‚Ausländerfeindlichkeit' und später ‚Fremdenfeindlichkeit'" (Terkessidis 2004: 13). Diese Begriffe sind allerdings aus mehreren Gründen unbrauchbar und führen „nicht nur an den Phänomenen vorbei, sondern auch in die Irre" (Singer 1997: 51). Im Übrigen gibt es außerhalb des deutschsprachigen Raums kaum vergleichbare Terminologien; es handelt sich hierbei um deutsch(sprachig)e Erfindungen.

Wie bereits angedeutet suggeriert die Abgrenzung der „AusländerInnenfeindlichkeit" von Rassismus einen historischen Bruch und unterschlägt damit die Kontinuitäten zu Kolonialismus und Antisemitismus: Die Annahme ist, „rassistische und antisemitische Ideologien seien vom Nationalsozialismus hervorgebracht worden, um auch wieder mit ihm unterzugehen" (Morgenstern 2002: 15).

Darüber hinaus setzt die Theorie der „AusländerInnenfeindlichkeit" unkritisch die Existenz zweier unterschiedlicher Gruppen einfach voraus, um dann nach Feindseligkeiten zwischen diesen Gruppen zu suchen. Aber „AusländerInnen" werden erst durch staatlich-institutionelle Apparate und kulturalistische Zuschreibungen als Gruppe hervorgebracht: Selbst wenn Menschen im Inland leben, wohnen, arbeiten und auch geboren sind, gelten sie *rechtlich* so lange als „AusländerInnen", so lange sie keine StaatsbürgerInnenschaft haben. Spätestens aber, wenn die von rassistischer Diskriminierung Betroffenen dann noch als „AusländerInnen" adressiert werden, wenn sie längst die StaatsbürgerInnenschaft erworben haben, wird deutlich, dass die Konstruktion von „AusländerIn" auch über soziale und kulturalistische Markierungen funktioniert. Denn der semantische Gehalt des Begriffs „AusländerInnen" bezog sich eben nie in erster Linie auf StaatsbürgerInnenschaft, oder überhaupt auf „objektive" Kriterien, sondern auf MigrantInnen[6] ganz bestimmter Herkunft, die als kulturell *anders/fremd* markiert und definiert werden: „Sobald

---

6 Im Übrigen gilt das auch für den Begriff MigrantIn, der „in erster Linie nicht eine Wanderungserfahrung, sondern eher eine vermutete und zugeschriebene *Abweichung von Normalitätsvorstellungen im Hinblick auf Biografie, Identität und Habitus*" artikuliert (Castro Varela; Mecheril 2011: 168).

das Merkmal der Staatsangehörigkeit als Ausgrenzungskriterium nicht mehr funktioniert, wird das Moment des Ethnischen und Kulturellen als Abgrenzungsmerkmal konstruiert." (Apitzsch 2000: 225)

Im Laufe der 1990er Jahre wurde innerhalb der Mainstream-Debatte versucht, der Tatsache, dass sich rassistische Diskriminierung eben nicht einfach auf Menschen mit anderem StaatsbürgerInnenschaftsstatus bezieht, mit dem neuen Begriff der „Fremdenfeindlichkeit" Rechnung zu tragen. Dies deutet nicht zuletzt „daraufhin, dass die scharfe juristische Trennung durch die Realität der dauerhaften Anwesenheit von MigrantInnen insgesamt ausgehöhlt wurde" (Terkessidis 2004: 14). Hinzu kam, dass im Zuge der Neuzusammensetzung der Migrationsbewegungen nach dem Anwerbestopp nun vermehrt Menschen aus Ländern des Globalen Südens nach Deutschland und Österreich migrierten und Zielscheibe alltäglicher Diskriminierung und rassistischer Gewalt wurden: „Ähnlich wie es in den siebziger Jahren einen Diskurs darüber gab, dass ‚die Türken' wegen ihrer ‚Fremdheit' ein besonderes Problem darstellen würden, beklagte man zu Beginn der Neunziger die inkommensurable ‚Fremdheit' der neuen Einwanderer." (ebd.: 45) Die Problematik der Bezeichnung „Fremdenfeindlichkeit", ebenso wie „Fremdenhass" und Xenophobie, deckt sich nun weitgehend mit jener der „AusländerInnenfeindlichkeit".

Die politische und analytische Problematik dieser Ansätze drückt sich auch in deren Erklärungen der Ursachen aus. Gemeinhin werden die Feindlichkeiten nämlich mit Vorurteilen und irrationalen Ängsten der Dominanzgesellschaft erklärt oder zur überhistorischen „Angst vor dem Fremden" anthropologisiert. Damit werden nicht nur die gesellschaftlichen Bedingungen und Praktiken der Konstruktion und Objektivierung *des Fremden* dethematisiert, sondern auch rassistische Diskriminierung auf Probleme individueller Einstellungen und Dispositionen reduziert und somit von gesellschaftlichen und staatlichen Verhältnissen abgelöst, indem ihre Ursachen „je nach theoretischem Ansatz in pathologischen Reaktionen (psychodynamische Ansätze) oder in universellen Prozessen der Wahrnehmung (Stereotypenforschung) gesucht" (Terkessidis 2004: 36) werden. Die von rassistischer Diskriminierung Betroffenen tauchen hier freilich ohnehin allein als passive Opfer auf. Die Aufmerksamkeit liegt ausschließlich bei den TäterInnen, auf die therapeutische Maßnahmen zielen sollen. Hinzu kommt, dass „Fremdenfeindlichkeit" meist auch eine „soziale Zuschreibung [beinhaltet], nach der jene sich zuallererst in der Vorurteilsstruktur der subalternen Klassen als dumpfes Ressentiment und als deren ‚Hass auf Differenz' äußere" (Redaktion diskus 1992: 8). Konsequenterweise erscheint „AusländerInnen- und Fremdenfeindlichkeit" dann entweder als Problem der dummen, unaufgeklärten, vorurteilsbehafteten, irrationalen Massen, dem mit Bildungsarbeit oder einem „Tanz der Toleranz" begegnet wird, oder als anthropologische Konstante, gegen die genaugenommen gar keine Strategie greifen kann – weshalb *Integration* und *Multikulturalismus* immer wieder als gescheitert konstatiert werden können.

Rassismus als gesellschaftliches Verhältnis

Die Diskussion um „AusländerInnen- und Fremdenfeindlichkeit" stellt ein Spezifikum der deutschsprachigen Debatte dar, die sich auffällig von der restlichen westeuropäischen und amerikanischen Debatte abhebt. Auch wenn dort Begriffe wie Xenophobie durchaus gebräuchlich sind, ist trotzdem der Begriff Rassismus[7] in der politischen Debatte zentral gewesen. Damit rückte tendenziell auch die rassistische Strukturiertheit der gesellschaftlichen Verhältnisse in den Fokus der kritischen Auseinandersetzung, die in der psychologistisch-individualisierenden Perspektive der deutschsprachigen Debatte vollkommen in den Hintergrund getreten sind.

Die wichtigsten theoretischen Impulse zur Weiterentwicklung kritischer Rassismusforschung sowie einer theoretisch informierten antirassistischen Politik und Praxis sind somit außerhalb des deutschsprachigen Raums zu suchen, wo insbesondere seit den 1970er Jahren AutorInnen wie Colette Guillaumin, Robert Miles, Stuart Hall oder Etienne Balibar aus der Kritik der Reduktionis-

---

7 Dabei ist anzumerken, dass der Rassismusbegriff selbst erst in den 1930er Jahren im Kontext der Kritik am Nationalsozialismus aufgekommen ist (vgl. Miles 1992: 58f.; Solomos; Back 1996: 4).

men des marxistischen Rassismusverständnisses Bausteine einer tragfähigen Rassismustheorie entwickelten. Die Grundzüge dieser Positionen, an die die deutschsprachige Diskussion erst in den frühen 1990er Jahren – nicht zuletzt aufgerüttelt durch die rassistische Gewalt im wiedervereinigten Deutschland –, und in Österreich wiederum später – vor allem im Kontext der Mobilisierungen gegen die Haider-FPÖ Ende der 1990er Jahre – Anschluss gefunden hat[8], sollen im Folgenden skizziert werden.

Rassismus erfindet „Rasse"
Allein die Feststellung, Rassismus als gesellschaftliches Verhältnis zu betrachten, stößt in der Rassismusforschung auf keine allgemeine Zustimmung. Vor allem die enge Bindung rassistischer Diskriminierung an die Vorstellung von „Rassen" bestimmt bis heute auch seine alltägliche und wissenschaftliche Verwendung. Erst durch die kritische Rassismusforschung der 1960er bis 1980er Jahre wurden erste Akzente in die Richtung gesetzt, dass rassistische Diskriminierung selbst erst die Konstruktionen von „Rassen" hervorbringt und Rassismus in erster Linie als herrschaftlich geprägtes soziales Verhältnis zu verstehen sei. Kern dieser Auffassung ist nicht nur, dass Rassismus „Rassen" oder „Hautfarben" erst produziert, sondern auch, dass rassistische Diskriminierungspraktiken historisch unter Rekurs auf sehr unterschiedliche Differenzmarker begründet worden sind. So banal diese Argumente mittlerweile klingen mögen, so wenig selbstverständlich waren und sind diese Erkenntnisse bis heute nicht nur in alltagssprachlichen Aussagen sondern auch in der Rassismusforschung selbst.

So hat beispielsweise die prominente Anthropologin Ruth Benedict in einer der ersten begrifflichen Auseinandersetzungen zu Rassismus die „Rassenforschung" noch als legitime wissenschaftliche Unternehmung begriffen, während die *UNESCO-Statements* der 1950er Jahre der Unterteilung der Menschheit in eine „Mon-

---

8   Auffällig ist, dass es „vor allem Sache der publizistischen und politischen Tätigkeit kleiner linker Verlage, Zeitschriften, Zeitungen sowie linker und migrantischer Gruppen [war], eine kritische Rassismustheorie und -praxis zu entwickeln, […] und einen Wissenstransfer über die Debatten zu Rassismus in den USA, Frankreich und Britannien zu organisieren" (Bojadžijev 2008: 25).

goloid", „Negroid" und „Caucasoid division" (UNESCO 1969: 31) durchaus noch Plausibilität abgewinnen können. Selbst Hannah Arendt verstieg sich zur Feststellung, dass es sich bei „Rassen" um eine „natürliche, organische", „tatsächliche Gegebenheit" handle, schließlich würde die Farbe der Haut „nicht von Meinungen abhängen" (Arendt 2000: 75; zit. n. Hund 1999: 15).

Manche mögen den Auseinandersetzungen der 1940er und 1950er Jahre *vielleicht* noch zugestehen, dass die damalige physische Anthropologie noch weitgehend selbstverständlich mit „Rasse" als legitimer naturwissenschaftlicher Kategorie hantierte. Für spätere Arbeiten gilt dies sicher nicht mehr. Wenn etwa im renommierten begriffsgeschichtlichen Lexikon „Geschichtliche Grundbegriffe" nachzulesen ist, dass es sich bei „Rasse" um einen „von seiner Grundbedeutung aus wissenschaftlich wertfrei verwendbare[n] Begriff" (Conze; Sommer 1984: 135) handle, dann muss das als wissenschaftlich überholte und politisch bedenkliche Position begriffen werden. Derselbe Einwand trifft auf den vielzitierten Historiker Immanuel Geiss zu, der in seiner in den späten 1980er Jahren verfassten „Geschichte des Rassismus" noch behauptet, mit „Rasse" seien „objektive Fakten – die Einteilung der Menschen in drei große Haupt,rassen' (,Weiße', ,Gelbe', ,Schwarze') [bezeichnet], die heute besser ,Groß-Gruppen' heißen sollten im Gegensatz zu kleineren, sonst schwer zuzuordnenden Gruppen. Es wäre sinnlos, die Augen vor solchen ebenso realen wie elementaren Unterschieden zu verschließen" (Geiss 1995: 92), die an Hautfarbe, Nase oder Haaren abgelesen werden könnten. Und selbst dem ausgewiesenen Marxisten Wolfgang Fritz Haug schien der „freie Blick auf die Unterschiede, auch die angeborenen des Körpers, […] unerlässlich, um der Scheinheiligkeit des offiziösen Rassismus Paroli zu bieten" (Haug 2000: 79; vgl. zur Kritik Terkessidis 2004: 74). In all diesen Ansätzen wird „Rasse" letztlich als (wissenschaftlich) legitime Kategorie akzeptiert. Als rassistisch wäre somit nicht bereits die Klassifikation der Menschheit in „Rassen" zu werten, sondern Rassismus läge erst in der Abwertung, Hierarchisierung und Ungleichbehandlung bestimmter „Rassen", deren Existenz aber implizit oder explizit unkritisiert und vorausgesetzt bleibt. Genauso, wie die Kritik an den Begriffen „AusländerInnen- und Fremdenfeindlichkeit" darauf abzielte herauszustellen, wie diese Gruppen diskursiv und staatlich-apparativ hervorgebracht werden und Edward Said zeigen konnte, dass *der Orient* als Objekt erst im orientalistischen Diskurs produziert wird, so muss auch „Rasse" als „Produkt des Rassismus" (Solomos 2002: 160) und nicht als dessen Voraussetzung begriffen werden (Hund 2007). Demnach bezeichnet Rassismus auch nicht einfach „Feindlichkeit" und asymmetrische Verhältnisse der Über- und Unterordnung zwischen „Rassen", sondern schon die *soziale und diskursive Praxis* der *Konstruktion* dieser Gruppen.

Rassismus als ideologischer Diskurs

Mittlerweile sollte zweifelsfrei klar sein, dass „Rasse" keine wissenschaftliche Kategorie ist. So stellt die kritische Rassismusforschung fest, dass sich Rassismus nicht auf „Rasse" als natürliche Tatsache bezieht, die dann mit negativen Wertungen verknüpft wird, sondern begreift „Rasse" als *diskursiven Effekt* und *soziale Konstruktion* (vgl. Guillaumin 1995; Hall 1994; ders. 2000; Balibar 1992a). Rassismus beginnt demnach nicht erst dort, wo „tiefgreifende Unterschiede zwischen verschiedenen Menschengruppen [...] verabsolutiert [...] und agitatorisch missbraucht" (Geiss 1988: 20, zit. n. Hund 1999: 16) werden; die Konstruktion „tiefgreifender Unterschiede" muss selbst bereits als *Effekt des rassistischen Diskurses* verstanden werden: „,Rasse' ist das Objekt des rassistischen Diskurses, außerhalb dessen sie keine Bedeutung besitzt; sie ist ein ideologisches Konstrukt und keine empirische Gesellschaftskategorie und bezeichnet von daher eine bestimmte Reihe imaginärer Eigenschaften genetischer Vererbung, mittels derer tatsächliche Positionen gesellschaftliche[r] Herrschaft und Unterordnung unter Verweis auf die Genealogie arteigener Differenzen festgeschrieben und legitimiert werden." (Cohen 1990: 97) Kurz, wie Frantz Fanon es schon 1952 auf den Punkt gebracht hat: „Es ist der Rassist, der den Minderwertigen schafft." (zit. n. Terkessidis 2004: 96)

In einem ersten Schritt ließe sich Rassismus somit als *ideologischer Diskurs* bestimmen, der die gesellschaftlichen Verhältnisse auf bestimmte Art und Weise anordnet, strukturiert und reguliert. „Rasse" ist, schreibt Stuart Hall, eine *diskursive Kategorie*, d.h. „die organisierende Kategorie der Sprechweisen, Repräsentationssysteme und sozialen Praktiken (Diskurse), die einen lockeren, oft unspezifizierten Zusammenhang von Unterscheidungen nach physischen Charakteristiken – Hautfarbe, Haarform, physische und körperliche Eigenschaften – als symbolische Markierungen dazu benutzen, um eine Gruppe gesellschaftlich von einer anderen zu unterscheiden" (1994b: 207). Die Zugehörigkeit von Menschen zu diesen Gruppen ließe sich anhand dieser zugeschriebenen Merkmale ablesen, aus denen sich wiederum bestimmte kulturelle, intellektuelle, emotionale Eigenschaften und Dispositionen ableiten ließen: *Die Anderen* werden als unzivilisiert, unvernünftig, sexuell potent, schmutzig, emotional, fanatisch, faul, aber auch besonders fleißig, oder kriminell imaginiert. „Diese Zuschreibungen enthalten Aussagen über Befähigungen und den Nutzen jeder Menschenkategorie, über die möglicherweise von ihr ausgehenden Gefahren, lassen ihren ‚Wert' ermitteln und legen Einschätzungen zum ‚richtigen' Umgang mit ihr nahe." (Morgenstern 2002: 86)

Die so differenzierten Gruppen werden dann mit weiteren Aussageketten verknüpft, sodass jedes Mal wenn etwa der Begriff „Rasse" fällt, dieser in ein diskursives Netz von Assoziationen und Ereignissen eingebettet wird und bestimmte Bilder und Narrative abruft, ohne dass diese noch explizit gemacht werden müssten. „Jede Bezugnahme auf den Begriff ‚Rasse' ruft die der rassistischen Ideologie eigenen Bedeutungskonstitutionen auf und setzt einen diskursiven Prozess in Gang, den Miles als ‚Rassenkonstruktion' bezeichnet." (Morgenstern 2002: 79) Diesen Begriff – im Original *racialization* (auf Deutsch auch Rassisierung, Rassialisierung oder Rassifizierung) – hat Robert Miles vorgeschlagen, um auch begrifflich auszudrücken, dass es sich hierbei um Konstruktionen handelt, um die Zu- und Einschreibung von Bedeutung in die Körper. Damit sind jene Praktiken der Signifikation gemeint, in denen (reale oder imaginierte) körperliche Merkmale als Zeichen zur Repräsentation von Differenz dienen und somit „gesellschaftliche Beziehungen zwischen Menschen durch die Bedeutungskonstruktion biologischer Merkmale dergestalt strukturiert werden, dass sie differenzierte gesellschaftliche Gruppen definieren und konstruieren" (Miles 1992: 100; vgl. Winant 1994: 59).

Rassistische Differenz …

Welche körperlichen Marker dabei mit welchen Bedeutungen verknüpft werden und mit welchen Kategorien die konstruierte Differenz bezeichnet wird, ist in dieser zunächst formalen Bestimmung bewusst offen gehalten, da sich die Kategorien, Signifikanten und Zuschreibungen in konkreten gesellschaftlichen Kontexten unterschiedlich artikulieren und historisch verändern (vgl. Morgenstern 2002: 76; Miles 1992: 109f.). „Die Gruppe, die das Objekt des Rassismus bildet, die als Bedeutungsträger bezeichneten natürlichen Merkmale, sowie die der Gruppe zugeschriebenen und negativ bewerteten Eigenschaften – all dies sind historisch veränderliche Aspekte des Rassismus." (Miles 1992: 112) Deshalb hat Miles in seiner Definition von *racialization* auch den *Rasse*begriff vermieden[9] und ganz allgemein von körperlichen Markern als Zeichen *rassistischer Differenz* gesprochen, die mit kulturellen und sozialen Bedeutungen aufgeladen werden: „Die als Bedeutungsträger ausgewählten Merkmale haben eine geschichtliche Variationsbreite; für gewöhnlich sind es sichtbare somatische Eigenschaften, aber auch unsichtbare (fiktive und reale) Eigenschaften sind zu Bedeutungsträgern geworden." (Miles 1992: 100)

Rassistische Differenzkonstruktionen konzentrieren somit ein „spezifisches Profil biologischer und kultureller Eigenschaften" (ebd.: 95) und amalgamieren „soziale mit natürlichen Elementen" (Hund 2007: 15). Es ist aber wichtig, die Begründungs- und Legitimationsstruktur dieser Argumentation herauszuheben: „Von Anfang an kombinierte der Begriff des Rassismus natürliche und kulturelle Faktoren. Hinsichtlich ihres Legitimationszusammenhanges sind erstere als Grundlage letzterer gedacht – die angeblich verschiedene Natur der Rassen wird für ihr unterschiedliches Kulturniveau verantwortlich gemacht. Doch ist der Begründungszusammenhang dieser Argumentation tatsächlich genau umgekehrt aufgebaut – essentialistisch konzipierte kulturelle Differenzen sollen sich tendenziell in körperlichen Merkmalen ausdrücken." (Hund 2007: 7)

---

9   Aus diesem Grund ist die Übersetzung von *racialization* mit „Rassenkonstruktion" äußerst missverständlich.

Daraus folgt nun, dass der Einsatz des Begriffs *racialization* nicht allein darin besteht, den *Konstruktionscharakter* rassistischer Differenz herauszustellen. Schließlich ist epistemologisch gesehen streng genommen jede Klassifizierung und begriffliche Ordnung Konstruktion: „Der entscheidende Punkt ist daher der, welche wahrnehmbaren Merkmale zu welchem Zweck zu einer Kategorie zusammengefasst werden, und in welchen Kontext sie eingeordnet werden und welche Ordnung sie herstellen." (Singer 1997: 67f.)

Die durch rassistische Differenzkonstruktionen hergestellte Ordnung beruht nun im Kern auf der *Naturalisierung soziokultureller Ungleichheit*. Das gilt auch für den biologistischen Rassenrassismus, dessen zentrales Argument „nicht darin [besteht], dass Menschen sich aufgrund körperlicher Merkmale in Rassen einteilen ließen. Vielmehr behauptet er, in den Rassen endlich den sichtbaren Beweis für die Verbindung klassifizierbarer erblicher biologischer Besonderheiten mit Unterschieden des kulturellen Vermögens gefunden zu haben" (Hund 2007: 7).

… ist nie wertneutral …

Auch Jost Müller argumentiert, „dass sich das Phantasma der biologischen Reinheit, der Überordnung und Unterordnung, der Ein- und Ausgrenzung immer an kulturellen Normen orientiert hat, die der Rassismus dann biologistisch substantialisiert hat" (Müller 1992 zit. n. Bojadžijev 2008: 24).

Deshalb impliziert *racialization* immer bereits eine Wertung der konstruierten Differenz. Es handelt sich um eine „Konzeption, die soziale Differenzen, soziale Hierarchien und Herrschaftsverhältnisse affirmativ zu erklären versucht" (Bojadžijev 2008: 25). In den Praktiken der Abgrenzung, der Signifikation rassistischer Differenz selbst ist bereits eine Wertung implizit. Rassistische Differenzmarker sind „gerade wegen ihrer negativen Konnotationen zu ‚Bedeutungsträgern' geworden" (Terkessidis 1998: 76; auch ders. 2004: 99). Die „wesentliche Asymmetrie des rassistischen Komplexes" (Balibar 1992a: 24) liegt nicht zuletzt in diesem Macht-Wissen-Komplex begründet. In postkolonialen Ansätzen wird die Markierung von Differenz und *Otherness* deshalb auch als symbolische oder epistemische Gewalt (Spivak) verhandelt. Stehsätze aus dem Alltag „Ich sag es doch nur und mein es nicht bös'!" entbehren genau jener Analyseebene.

Somit ist auch die Unterscheidung zwischen *racialization* und Rassismus, an der etwa Robert Miles festhält, wobei erstere als *rein deskriptiv* gefasst wird, während letzterer die *Bewertung* dieser konstruierten Differenz bezeichnen soll (vgl. Miles 2000: 27), irreführend. Ähnlich problematisch ist die Unterscheidung zwischen *racialism* und *racism*, die Anthony Kwame Appiah vorgeschlagen hat.[10] Rassismus bezeichnet asymmetrische Verhältnisse der Inferiorität und Überlegenheit, dient der Abwertung *des Anderen* und der Aufwertung *des Eigenen*. Deshalb schreibt die rassistische Ordnung nicht nur die Charakteristika und Dispositionen eines konstruierten Anderen fest, sondern definiert umgekehrt immer auch identitäre Entwürfe des Selbst: Spiegelbildlich werden die *den Anderen* zugeschriebenen (negativen) Eigenschaften als (positive) Charakteristika auf *das Selbst* zurückgeworfen (vgl. Miles 2000: 24). Wie Robert Miles und Malcolm Brown schreiben: „[T]he process of representing the Other entails a dialectic of representational inclusion and exclusion. By attributing a population with certain characteristics in order to categorise and differentiate it as an Other, those doing so establish criteria by which they themselves are represented." (2003: 50) *Racialization* entschlüsselt sich so als „Diskurs der Differenz", der mittels „asymmetrischer Gegenbegriffe" (vgl. Koselleck 1989) operiert und so sowohl die Identität *des Anderen* als auch *des Eigenen* fixiert und naturalisiert. Insofern handelt es sich bei Rassismus um ein „ideological phenomenon that works through a Self/Other dialectic" (Miles; Brown 2003: 73). Der im Prozess der racialization konstituierte Modus der Inklusion und Exklusion ist die „imaginäre Form der Identifikation eines ‚Selbst' und der Spaltung von den ‚Anderen'" (Müller 1992: 28).

10 Appiah unterscheidet zwischen *racialism* und *racism*. Ersterer besteht in der Konstruktion von *Rassen* (*racial essences*) entlang behaupteter vererbbarer physischer/morphologischer Charakteristika und moralischer und intellektueller Dispositionen. Nach Appiah ist diese Position zwar falsch aber solange ungefährlich, als „positive moral qualities are distributed across the races". *Racialism* wäre demnach „a cognitive rather than a moral problem" (Appiah 1990: 5).

… und basiert immer auf einem kulturalistischen Kern

Die für die Bestimmung eines allgemeinen Rassismusbegriffs besonders hervorzuhebende Konsequenz dieser Argumentation besteht nun darin, dass Rassismus nicht notwendig an die Signifikation körperlicher Differenzmarker gebunden ist, wie das in den biologistischen Rassentheorien des 19. und 20. Jahrhunderts der Fall war, die jene AutorInnen vor Augen hatten, die in den 1930er Jahren den Begriff „Rassismus" geprägt haben. Die rassistisch konstruierte Differenz ist eben nicht in erster Linie als biologische, körperliche Differenz zu fassen, sondern als soziokulturelle Ungleichheit, die sich zwar „tendenziell in körperlichen Merkmalen ausdrücken" soll, aber nicht notwendigerweise an deren Signifikation geknüpft ist. Deutlich wird das nicht allein aus den unzähligen, widersprüchlichen und absurden Versuchen der biologistischen Substantialisierung kultureller und sozialer Differenz in den Rassentheorien, sondern es ist auch aus der Geschichte des Antisemitismus allgemein bekannt. Denn die Sichtbarkeit rassistischer Differenz muss immer erst hergestellt werden, wenn das nicht gelingt, stellt das aber noch keine Hürde für RassistInnen dar denn „mangelnde Sichtbarkeit [ruft] Anstrengungen zur künstlichen Kenntlichmachung hervor" (Hund 2007: 102). Zu diesem Repertoire „gehörte die unmittelbar körperliche Kennzeichnung durch Brandmarkung und Tätowierung oder das regelmäßige Scheren der Haare. Dazu gehörten Vorschriften über Kleider und Symbole. Dazu gehörte schließlich auch die Misshandlung des Körpers durch die Folter" (ebd.). Am augenscheinlichsten ist dies in der Sichtbarmachung von Juden und Jüdinnen durch den Judenstern geworden.

Wie Wulf D. Hund betont „tut es der rassistischen Argumentation keinen Abbruch, wenn sich die körperlichen Zeichen ihrer angeblich rassischen Andersartigkeit an einzelnen oder ganzen Gruppen nicht nachweisen lassen. Die Geschichte des Rassismus belegt zur Genüge, dass dessen Beweisführung sein phänomenologisches Glacis im Zweifelsfall ohne Zögern räumt und sich in die ontologische Bastion kulturalistischer Gewissheit zurückzieht" (2007: 7).

Dass in der rassistischen Amalgamierung sozialer und natürlicher Elemente „erstere dauerhaft und präzise bestimmbar, letztere veränderlich und unklar" (ebd.: 15) sind, lässt sich mithin auch an der Geschichte des *Rasse*begriffs selbst zeigen. Begriffsgeschichtliche Untersuchungen zu „Rasse" haben gezeigt, „dass er aus Anstrengungen zur Legitimation sozialer Ungleichheit erwuchs" (ebd.: 10) und sich „im Zusammenhang mit der Legitimation sozialer und religiöser Differenzierung entwickelt" (Hund 2010: 2194) hat. Aus einer Kategorie zur *Naturalisierung gesellschaftlicher Klassenpositionen*, die der europäische Erbadel der frühen Neuzeit gegen Amtsadel und aufstrebendes Bürgertum in Anschlag brachte, entwickelte sich der Begriff zu einer Legitimationskategorie des europäischen Kolonialismus: „Rasse diente ursprünglich der Benennung sozialer Differenz und war eine herrschaftlich geprägte soziale Kategorie. Eben deswegen konnte sie im Zeitalter des Kolonialismus und der transatlantischen Sklaverei schließlich jene Anthropologisierung erfahren, aus der sie am Ende als Begriff für angeblich elementare biologische Unterschiede zwischen den Menschen der verschiedenen Kontinente hervorging und dem sich entwickelnden Rassenrassismus als zentrale Bezugskategorie diente." (Hund 2008: 758)

Ein markantes Beispiel hat die jüngere historische Rassismusforschung gezeigt, so sich etwa die rassistische Konstruktion der Irinnen und Iren nicht in erster Linie auf körperliche Differenzmarker stützte, sondern kulturelle, soziale und religiöse Argumente in Anschlag brachte. Gerade das Beispiel Irlands zeigt, dass essentialistisch gedachte Differenz zunächst nicht körperlich gefasst war, auch wenn sie später im biologistischen *Rasse*begriff aufgegangen ist: „Die englische Politik gegenüber Irland war demnach ebenso wie das tradierte und dem Wandel der Verhältnisse immer wieder angepasste englische Bild der Iren bereits rassistisch, ehe das auf die Kategorie Rasse setzende System des modernen wissenschaftlichen Rassismus entwickelt wurde. Dieser konnte die bereits bestehenden Muster deswegen problemlos integrieren und modernisieren. Auch im Rahmen seines Interpretationszusammenhanges galten Iren als primitive Wilde, nur dass jetzt feststehen sollte, ‚that the English and Irish were separate races'." (Hund 2006: 17)

Plädoyer für einen weiten Rassismusbegriff

In der Debatte um gegenwärtige Erscheinungsformen des Rassismus als kulturalisierender Rassismus (siehe ausführlicher weiter unten) ist schließlich ebenfalls deutlich geworden, dass dieser auch ganz auf den *Rasse*begriff verzichten kann. Die Konsequenzen aus der Feststellung, dass es einen „Rassismus ohne Rassen" geben kann, werden jedoch selten ausbuchstabiert. Denn damit ist die weitreichende Frage aufgeworfen, inwiefern vergleichbare vorneuzeitliche Phänomene nicht ebenfalls als Rassismus zu begreifen sind oder die Frage nach rassistischen Erscheinungsformen außerhalb Europas: „Wenn der Begriff Rasse keine *conditio sine qua non* rassistischer Diskriminierung ist und sich außerdem aus soziokulturellen Anfängen heraus zu einer biologisch-anthropologischen Kategorie entwickelt hat, dann muss gefragt werden, ob es nicht auch vor deren Verwendung einen kulturalistischen Rassismus gegeben hat und inwieweit sie nicht auch selbst immer kulturalistisch unterlegt war." (Hund 2007: 11f.) Miles hat diese Problematik zunächst als offene Frage formuliert, ob es nämlich „in einer früheren Epoche, in der ,Rasse', soweit das Wort überhaupt existierte, nicht mit biologischer Minderwertigkeit assoziiert war, ein Objekt für den Rassismusbegriff [gab]? Negative Bilder von Moslems, Afrikanern und Juden haben eine lange Geschichte […]. Können wir diese Bilder und Diskurse als Rassismus bezeichnen, obwohl ein expliziter Begriff von ,Rasse' ebenso fehlt wie die Behauptung einer natürlichen und unveränderbaren Minderwertigkeit?" (Miles 1998: 192) Letztlich eine Frage, die AntirassistInnen bis heute beschäftigt.

Es geht also darum, „dessen kulturelle Fassung nicht nur als aktuellen Reflex auf die Diskreditierung des Rassenbegriffs [zu] verstehen, sondern als Kern rassistischer Diskriminierung [zu] begreifen" (Hund 2007: 35). Rassismus hat, wie Wulf D. Hund als einer der wenigen deutschsprachigen RassismustheoretikerInnen überzeugend herausgearbeitet hat, „für seine diskriminierenden Urteile immer schon kulturelle Beweise angeführt" (Hund 2005: 160).

Jedenfalls scheint ein allzu enger allgemeiner Rassismusbegriff, der sich an den biologistischen Rassentheorien des 19. und 20. Jahrhunderts orientiert, in die Irre zu führen: Rassismus sollte als gesellschaftliches Verhältnis begriffen werden, „durch das *unterschiedliche Grade des Menschseins* postuliert werden. Rassistische Diskriminierung homogenisiert die Betroffenen, indem sie deren soziale Besonderungen ignoriert, erklärt sie für minderwertig, indem es [sic] ihnen moralische Integrität abspricht und versucht, diesen zugeschriebenen Makel an natürlichen Kennzeichen festzumachen, deren Fehlen durch künstliche Stigmata ausgeglichen wird" (Hund 2010: 2191).

Konsequenterweise hat Mark Terkessidis *racialization* allgemeiner als Miles als Prozess gefasst, „in dem einerseits eine Gruppe von Menschen mittels bestimmter Merkmale als natürliche Gruppe festgelegt und gleichzeitig die Natur dieser Gruppe im Verhältnis zur eigenen Gruppe formuliert wird" (Terkessidis 2004: 98). Die dabei signifizierten Merkmale können nach Colette Guillaumin recht unterschiedliche Elemente umfassen: „a) morpho-physiologische Kennzeichen (diese können sichtbar oder unsichtbar sein, sie gelten als natürlich/evident und als geeignet, Gruppen zu unterscheiden); b) soziologische Kennzeichen (Sprachen, Wirtschaftssysteme, Gewohnheiten, Ernährung, Kleidung, Musik etc.); c) symbolische und geistige Kennzeichen (politische Praktiken, Einstellungen, Lebensauffassungen, kulturelle und religiöse Verhaltensweisen etc.) sowie d) imaginäre Kennzeichen (etwa phantasmatische Vorstellungen von okkulter Macht etc.)." (Guillaumin zit. n. Terkessidis 2004: 98) Diese Elemente fügen sich zu einem „Cluster unbeständiger Bedeutungen" zusammen, den Guillaumin als Vorstellung – nicht Wort, nicht Begriff – von „Rasse" bezeichnet.

Dennoch handelt es sich bei *racialization* um einen missverständlichen Begriff, da er gewollt oder ungewollt die Konstruktion von „Rassen" zur „Urform der Naturalisierung von Unterschieden" (Terkessidis 2004: 98) erklärt, oder zumindest die Konstruktion körperlicher (meist sichtbarer) Differenzen zum Ausgangspunkt nimmt. Auch im Begriff *racialization* klingt immer noch die enge Rassismuskonzeption der 1930er Jahre nach, die aus dem verwissenschaftlichten auf „Rassen" bezogenen Rassismus des 19. und frühen 20. Jahrhunderts einen allgemeinen Rassismusbegriff entwickelte. Bezeichnend ist etwa die Anmerkung von Terkessidis: „So steht zwar für den Prozess der Rassenkonstruktion, also die

III. Rassismus

Festlegung einer naturgegebenen Einheit, die sich reproduziert, die ‚Rassen'-Idee Pate, dennoch muss die so hergestellte Gruppe nicht mehr notwendig als ‚Rasse' mit allen Implikationen aufgefasst werden." (Terkessidis 1998: 75) Rassismus kann aber über sehr unterschiedliche Kategorien operieren, von denen „Rasse" nur eine mögliche Option darstellt[11], wobei im *Rasse*begriff selbst Bedeutungsrepertoires aufgegangen sind, die eine längere Geschichte aufweisen als jene des Wortes selbst. Insofern sollte die These, „Rasse" als „Produkt des Rassismus" zu verstehen, nicht nur analytisch sondern auch historisch ernst genommen werden: Rassismus ist historisch unter Rekurs auf sehr unterschiedliche Differenzmarker legitimiert worden, von denen der anthropologisierte auf „Rassen" bezogene Rassismus nur eine mögliche Variante ist, die zudem noch nicht einmal die historischen Verwendungsweisen des *Rasse*begriffs selbst vollständig abdeckt. Als Beispiel hierfür gelten ganz charakteristische Differenzsetzungen wie etwa Barbaren, Unreine, Monster, Verworfene, Wilde, Farbige oder Minderwertige (vgl. Hund 2006).

Um Missverständnissen vorzubeugen sollte noch angemerkt werden, dass dieser historisch und konzeptuell weite Rassismusbegriff gerade nicht bedeutet, dass es sich um ein transhistori-

---

11 Für die diesbezüglichen Unklarheiten in der Rassismustheorie (wie eng Rassismus historisch und analytisch an „Rasse" gekoppelt werden sollte) ist bspw. die folgenden Passage bei Christine Morgenstern symptomatisch: „Diskursive Formationen, die vor der Entstehung der Kategorie ‚Rasse' bestanden oder sich nicht auf diese Kategorie beziehen, können einzelne Elemente rassistischer Bedeutungskonstitution enthalten, aus Miles ‚Definition von Rassismus' sind sie ‚ausgeschlossen und gelten von daher als Beispiele für eine andere Ideologie (oder andere Ideologien)'. Die Einteilung von Menschen in verschiedene, angeblich konstante Kategorien – nicht deren Bezeichnung als ‚Rassen' – kennzeichnet alle Rassismen und macht sie identifizierbar." (Morgenstern 2002: 81) Anm. der Verf.in: Die Position, die hier Miles unterstellt wird, ist nicht seine eigene, sondern jene von Benedict, Montagu etc.; vgl. Miles 1992: 63; schließlich ging es Miles gerade darum, ein Rassismusverständnis aufzugeben, demgemäß „die Präsenz des ‚Rassen'-Diskurses […] eine Vorbedingung dafür [ist], von Rassismus sprechen zu können" und die „begriffliche Verbindung zwischen Rassismus und ‚Rassen'-Diskurs aufzubrechen" (Miles 1992:93).

sches Phänomen, vielleicht sogar eine anthropologische Konstante handle. Wulf D. Hund hat gegen solche Kritiken eingewandt, dass der Marxsche Klassenbegriff ebenfalls auf alle möglichen herrschaftsförmig strukturierten Gesellschaften bezogen worden ist (antike Sklavenhaltergesellschaft, tributäre, feudale und kapitalistische Produktionsverhältnisse), ohne deshalb die Spezifik der jeweiligen Klassenverhältnisse in einem überhistorischen Begriff einzuebnen. Ähnliches gilt für Analysen anderer Ungleichheitsverhältnisse wie Sexismus beispielsweise entlang der historischen Konstruktion bipolarer, heteronormativer Geschlechtermodelle.

Gemeinsam sind all diesen Erscheinungsformen rassistischer Diskurse ihre grundsätzliche Struktur und ihre Effekte im Prozess klassenspezifischer Vergesellschaftung. Die symbolische Spaltung der Welt in *Self* und *Other* als grundlegende Form rassistischer Diskurse „hat die Funktion, Identität zu produzieren und Identifikationen abzusichern" und „ist Bestandteil der Gewinnung von Konsens und der Konsolidierung einer sozialen Gruppe in Entgegensetzung zu einer anderen, ihr untergeordneten Gruppe. [...] Sie teilt die Welt in jene, die dazugehören, und jene, die nicht dazugehören" (Hall 2000: 14).

Materielle Effekte rassistischer Ideologien

Der Effekt dieses ideologischen Diskurses ist, dass Individuen auf Erscheinungsformen (Repräsentationen) ihrer wesensmäßigen „Zugehörigkeit" reduziert, also entindividualisiert und entsozialisiert werden. *Die Anderen* werden als politisch, sozial und kulturell homogene Entitäten entworfen, sodass die soziale Praxis ihnen zugerechneter Individuen auf unterstellte Kollektiveigenschaften rückgeführt und unter Rekurs auf naturalisierte Dispositionen erklärt wird. Weil im Prozess der rassistischen Differenzierung die der jeweiligen Gruppe zugeschriebenen Eigenschaften naturalisiert werden, kann sich individuell niemand den positionierenden und subjektivierenden Effekten dieses Diskurses entziehen. Wer die rassistischen Differenzmarker sieht, ruft automatisch ein ganzes Arsenal an Assoziationen ab und „weiß" ein Individuum in die rassistische symbolische Ordnung einzuordnen, ohne dass diese Zuschreibungen und Konnotationen jemals explizit gemacht werden müssten: „Die Anderen werden in die eigene symbolische

Matrix eingegliedert, um dann als Bild wieder ausgespuckt zu werden." (Terkessidis 2004: 97)

Etienne Balibar spricht in diesem Zusammenhang von der „Herausbildung einer rassistischen *Gemeinschaft*" (1992: 24), Wulf D. Hund hat dies als Modus „negativer Vergesellschaftung" (2006) begriffen. Rassismus operiert über die Homogenisierung und imaginäre Vereinheitlichung herrschaftlich differenzierter Gruppen, aus denen *die Anderen* aufgrund zugeschriebener natürlicher Defizite ausgeschlossen werden. Rassismus „stiftet auf der einen Seite illusorische Gemeinschaftlichkeit und erzeugt auf der anderen Seite amorphe Identität" (Hund 2007: 120), indem die unterschiedlichen sozialen Positionen und individuellen Eigenschaften *der Anderen* eingeebnet werden. Damit kommt Rassismus eine wesentliche „Funktion im Prozess klassenspezifischer Vergesellschaftung" (ebd.) zu.

Rassismus als Modus der Vergesellschaftung zu begreifen impliziert nun, dass Rassismus wesentlich „zu den Modi der Begründung, Rechtfertigung und Umsetzung von Herrschaft" gehört (Hund 2006: 119). Mit dieser Konzeption ist freilich auch bereits angedeutet, dass es sich bei Rassismus nicht allein um ein repräsentationales Phänomen handelt, um immaterielle, freischwebende Ideen oder Bewusstseinsphänomene, um „false consciousness" oder „systematically distorted rationality" (Appiah 1990: 7f.). Im Gegenteil betont der Ideologiebegriff, auf den sich Miles und Hall beziehen, die *materiellen* Existenzformen des Ideologischen – in (Staats)Apparaten und (alltäglichen) Praxisformen.

Wenn also rassistische Differenz imaginiert und konstruiert ist, dann ist sie dennoch real im Sinne eines gesellschaftlichen Strukturprinzips mit ganz materiellen Effekten, eingeschrieben in soziale Diskriminierungspraktiken sowie als „kulturelles Wissen" in die handlungsleitenden Selbst- und Weltdeutungen der Menschen eingewoben. Denn tatsächlich ist, wie Colette Guillaumin ganz nüchtern feststellt, an „Rasse" nichts fiktiv: „Race does not exist. But it does kill people." (1995b: 107)

Kurz, rassistische Differenz bezeichnet nicht allein die symbolisch-imaginäre Unterteilung der Menschen, sondern „wirkt sich […] auch auf die Prozesse aus, an denen sie teilnehmen, sowie auf die daraus sich ergebenden Strukturen und Institutionen" (Miles

1992: 102). Mit ähnlicher Stoßrichtung haben Michael Omi und Howard Winant das Konzept der „racial formation" vorgeschlagen als „link between signification and structure, between what race *means* in a particular discursive practice and how, based upon such interpretations, social structures are racially organized" (Winant 1994: 4). „Racial formation" verknüpft also die Bedeutungen rassistischer Differenz und ihre Sedimentierung in gesellschaftlichen Ungleichheitsverhältnissen.

Inklusion, Exklusion, differenzielle Inklusion

Die im Rassismus konstituierten Modi der Vergesellschaftung zielen auf Konstitution des *Eigenen* basierend auf der Exklusion *der Anderen*. „Das für Rassismus typische binäre Repräsentationssystem markiert ständig die Differenz zwischen Zugehörigkeit und Andersheit und versucht, sie zu festigen und zu naturalisieren […], um das Reine vom Unreinen, das Eingeschlossene vom Ausgeschlossenen zu unterscheiden." (Solomos 2002: 158) Balibar spricht diesbezüglich von „Phantasm[en] der Segregation bzw. der Vorbeugung (d.h. der Notwendigkeit, den Gesellschaftskörper zu reinigen, die Identität des ‚eigenen Selbst' bzw. des ‚wir' vor jeder Promiskuität, jeder ‚rassischen Vermischung' oder auch jeder ‚Überflutung' zu bewahren) und die sich um die stigmatisierenden Merkmale des radikal ‚Anderen' (wie Name, Hautfarbe und religiöse Praxisformen) herum artikulieren" (Balibar 1992a: 23f.).

Die im Rassismus konstituierten Modi der Vergesellschaftung richten sich aber nicht notwendig gegen ein *äußeres Anderes,* als physischer Ausschluss; vielmehr sind rassistisch diskriminierte *Andere* „häufig als gewollter und konstitutiver Bestandteil in rassistische Gesellschaften integriert worden" (Hund 2007: 82). Somit gibt der Rassismus „den sozialen Ort derer, die er ausgrenzte, damit noch nicht unbedingt vor" (ebd.: 26) und kann sich sowohl als Politik der Segregation und des Ausschlusses, als auch als Politik differenzieller, hierarchischer Inklusion artikulieren. In diesem Sinne haben verschiedene RassismustheoretikerInnen zwei „Logiken des Rassismus" unterschieden: George Fredrickson differenziert zwischen einem „Rassismus der Inklusion" und einem „Rassismus der Exklusion", Pierre-André Taguieff zwischen „racisme differentialiste" und „racisme inégalitaire" (bzw. „racisme d'exploitation" und „racisme d'extermination") und Michel Wieviorka zwischen einer „Logik der Differenzierung" und einer „Logik der Inferiorisierung bzw. Hierarchisierung".

Alle Logiken funktionieren über die binäre Spaltung zwischen *Eigenem* und *Anderem* und bezeichnen „keine graduellen Abstufungen und Wertungen innerhalb eines durch reziproke Beziehungen geprägten sozialen Systems, sondern zielen auf die gegenseitige Abhängigkeiten gerade negierende Separierung der rassistisch diskriminierten Anderen. Je nachdem, ob sie dabei stärker horizontal oder vertikal ausgerichtet werden, betonen sie entweder Differenz oder Inferiorität" (Hund 2007: 92). Der „Rassismus der Inklusion" „erlaubt eine Einbeziehung in die Gesellschaft nur auf der Basis einer starren Hierarchie, die mit dauerhaften und unüberbrückbaren Differenzen zwischen den verschiedenen Gruppen gerechtfertigt wird" (auch im Folgenden: Fredrickson 2011: 20). Der „Rassismus der Exklusion" „geht noch einen Schritt weiter; [ihm] gilt ein Zusammenleben der verschiedenen Gruppen in ein und der selben Gesellschaft als undenkbar." Balibar benennt diese „ambivalente Konfiguration" als *„Einschließung des Äußeren"* und *„Ausschließung des Inneren"* (Balibar 1992b: 56).

Die Unterscheidung dieser beiden Logiken ist allerdings eher analytisch zu verstehen, weil beide meist miteinander kombiniert auftreten. Balibar hat etwa zur „Unterscheidung zwischen einem (,ausschließenden') mit *Ausrottung* oder Eliminierung verbundenen Rassismus und einem (,einschließenden') mit *Unterdrückung* oder Ausbeutung verbundenen Rassismus" bemerkt, „dass es selbst in den extremen Fällen keine dieser beiden Formen im Reinzustand gibt" (Balibar 1992b: 52).

Demnach tritt die rassistische Logik binärer Differenzierung nicht unvermittelt ausschließend in Erscheinung: „Vielmehr kann die Ausschließung durchaus die Gestalt der Einschließung annehmen. Sie kann zum Element der Hierarchisierung werden, denkt man etwa an die Assimilationsanforderungen [in der Integrationsdebatte und der Diskussion um Leitkultur], die vonseiten autorisierter, institutionell etablierter Kulturen erhoben und bestimmte – etwa national codierte – Lebens- und Denkweisen für allein legitim erklären." (Bojadžijev 2008: 24) Rassismus wirkt „über vielfältige Abstufungen unterschiedlich weit reichender Inklusion, die noch dazu aus einem Gemenge von ‚kulturellen' Differenzierungen und ökonomischer Leistungsfähigkeit resultiert. [...] Der nach wie vor wirksamen Logik der binären Spaltung in ‚Eigenes' und ‚Fremdes' ist also eine Ebene kultureller Pluralität und Diversität vorgelagert, die jedoch im ‚Anlassfall' der zugrunde liegenden Logik der Spaltung [...] Platz macht, diese jedenfalls nie völlig suspendiert" (Birkner 2004: 41). Die differenzielle Inklusion ist immer nur „prekär und vom Vorbehalt ihrer jederzeitigen Aufkündbarkeit geprägt" (Hund 2007: 83).

Gesellschaftlich wirkmächtig wird diese Anordnung aber erst dadurch, dass sie in vielfältigen Formen sozialer Praxis produziert und reproduziert wird. Robert Miles hat in diesem Zusammenhang von „Ausgrenzungspraktiken" (exclusionary practices) gesprochen, innerhalb derer betroffene Menschen bei der Verteilung von bestimmten Ressourcen und Dienstleistungen ungleich behandelt werden. Ebenso bleibt ihnen der Zugang zu bestimmten gesellschaftlichen Positionen verwehrt, sodass „sie in der Hierarchie der Klassenverhältnisse systematisch über- oder unterrepräsentiert"[12] sind (Miles 1992: 103; vgl. auch Hall 2000: 7).

Insofern gilt es zu untersuchen, wie „rassistisches Wissen" in alltägliche und institutionelle Diskriminierungspraktiken übersetzt bzw. konkretisiert und mit gesellschaftlichen Ungleichheitsverhältnissen vermittelt wird, die den Zugang zu ökonomischen, politischen, kulturellen und symbolischen Ressourcen regeln. Gegenstand der Rassismusanalyse sind somit „rassistisch strukturierte Gesellschaftsformationen" (Hall) bzw. der „Prozess rassis-

---

12 Nun besteht Miles allerdings darauf, den Begriff Rassismus auf repräsentationale Phänomene, d.h. auf Prozesse der ideologischen *Rassen*konstruktion, zu beschränken, weil Ausgrenzungspraktiken „zum Teil oder gänzlich durch den Rassismus motiviert sein oder seine Ausdrucksform darstellen [können], aber dies muss erwiesen und nicht als gegeben angenommen werden" (Miles 1992: 112). Dieser Versuch, eine trennscharfe Konzeptualisierung von Rassismus entlang der Unterscheidung zwischen Ideologie und Praxis zu entwickeln, scheint in mehrerer Hinsicht problematisch. Zum einen wirkt die Trennung zwischen Ideologie und Praxis künstlich, und setzt zudem auf einem idealistischen Ideologie- und Diskursbegriff auf. Zum anderen sind Gegenstand der Rassismusanalyse weniger einzelne Aussagen und Praktiken, die als rassistisch bewertet werden, als vielmehr gesellschaftliche Verhältnisse.

tischer Vergesellschaftung" (Hund). Rassismus bezeichnet „ein soziales Verhältnis aus Mustern struktureller Beziehungen, herrschaftlicher Abhängigkeiten, ideologischer Rechtfertigungen und wechselseitigen Handelns" (Hund 2007: 28). Diese Formulierung ist zugegebenermaßen reichlich allgemein und abstrakt und kann, wie Robert Miles richtigerweise festhält, unterschiedliche Erscheinungsformen und Artikulationsweisen von Rassismus sowie dessen besondere Strukturiertheit noch nicht erklären. „Dies ist Sache einer historisch-spezifischen Analyse." (Miles 1992: 93) Die Rassismusanalyse muss sich demnach für die *konkreten* (diskursiven und nicht-diskursiven) Praxisformen interessieren, und für die *konkreten* gesellschaftlichen Verhältnisse, die durch rassistische Differenzkonstruktionen strukturiert werden. Die Herausforderung besteht im „Herausarbeiten seiner Dynamik und Artikulationen sowie seiner Verankerung in den herrschaftlich strukturierten Verhältnissen, deren Ausdruck er zugleich ist" (Bojadžijev 2008: 25).

Modalitäten und Konjunkturen

Rassismus ist als abstrakte Ideologie, deren grundsätzliche Form in der Spaltung von *Self* und *Other*/*Eigenem* und *Fremdem* besteht und inhaltlich als soziale Konstruktion natürlicher Ungleichheit bestimmt werden kann, also noch unzureichend definiert. Denn diese Ideologie „existiert nur in den historisch-konkreten Artikulationen des Rassismus" (Müller 1992: 30). Auch Solomos und Back plädieren dafür, „that racist discourses need to be rigorously contextualised. This means that racisms need to be situated within specific political, cultural, social and economic moments. […] This means irrevocably crossing the analysis of racism with other social relations surrounding gender and sexuality or the culture of institutional politics" (Solomos; Back 1996: 27). Dementsprechend hat Stuart Hall gefordert, „nicht von Rassismus, sondern von Rassismen" (Hall 2000: 11) zu sprechen: „Zweifellos gibt es bestimmte allgemeine Züge des Rassismus. Aber noch bedeutsamer sind die Formen, in denen diese allgemeinen Züge durch den historisch spezifischen Kontext und die jeweilige Umwelt, in denen sie wirksam werden, modifiziert und transformiert werden." (Hall 1989a: 84) Ich würde vorschlagen von historisch unterschiedlichen *Artikulationsweisen von Rassismus* zu sprechen, schlichtweg um das Gemeinsame hervorzuheben.

Die Modalitäten, Reartikulationen und Konjunkturen des Rassismus (vgl. Bojadžijev; Demirovic 2002) können dabei zwar nicht einfach funktionalistisch als Reflex auf sozioökonomische Transformationsprozesse verstanden werden; dennoch kann von einer gewissen Resonanz zwischen rassistischen Diskursen und den durch sie strukturierten und sie strukturierenden rassistischen Verhältnissen ausgegangen werden: „Es ist wahrscheinlich, dass ein aus der Vergangenheit ‚ererbter' Diskurs umgeformt wird, wenn er in einem neuen Zusammenhang die Welt begreifbar machen soll. Zugleich regen neue Lebensumstände die Herausbildung neuer Darstellungsformen an." (Miles 1992: 173)

Zwei grundsätzliche Anmerkungen für die historisch konkrete Rassismusanalyse sind hierbei zu beachten:

Erstens: Intersektionalitäten

Über rassistische Praktiken werden Menschen gesellschaftlich positioniert und „diese Positionierungen werden in weitergehenden sozialen Praktiken festgeschrieben und schließlich legitimiert" (Hall 1994a: 129). Deshalb ist bei der Analyse konkreter, historisch-spezifischer rassistischer Gesellschaftsformationen sowohl die Verschränkung von Rassismus mit anderen Herrschafts- und Ungleichheitsverhältnissen mitzudenken als auch die komplexe Überlagerung und Verknüpfung von „Rasse", Klasse, Geschlecht, Nation und Kultur in rassistischen Diskursen und Praktiken. Das betrifft etwa die – nicht allein metaphorisch zu verstehenden – Analogien zwischen „Rassen", Frauen und „Unterklassen" im Rassismus des späten 18. und 19. Jahrhunderts oder die Überblendung des Diskurses über „Arbeitsscheue" durch rassistische Differenzkonstruktionen aus dem kolonialen Kontext (Conrad 2004). Pionierinnen intersektionaler Analysen sozialer Ungleichheitsverhältnisse waren Feministinnen wie bell hooks, Kimberlé Crenshaw und Patricia Hill Collins. Denn schließlich handelt es sich um „ein historisches System sich ergänzender, miteinander verbundener Ausgrenzungs- und Herrschaftsformen. […] Unter diesen Bedingungen ist eine allgemeine Kategorie des ‚Rassismus' nicht eine Abstraktion, die an historischer Richtigkeit und Präzi-

III. Rassismus

sion zu verlieren droht, was sie an Universalität gewonnen hat; sie ist ein konkreterer Begriff, der die notwendig polymorphe Struktur des Rassismus, seine globalisierende Funktion sowie seinen Zusammenhang mit den gesamten Praktiken der sozialen Normalisierung und Ausgrenzung berücksichtigt" (Balibar 1992b: 63).

Die Konsequenz dieser Überlegungen besteht nun nicht darin, Rassismus als umfassende Kategorie für alle möglichen Formen der Diskriminierung und Unterdrückung zu positionieren, die Nationalismus, Sexismus etc. in sich aufsaugt. Noch besteht sie darin, unter Rassismus das „größte Übel" solcher „Achsen der Ungleichheit" zu markieren. Rassismus sollte eher im Sinn einer allgemeineren Struktur verstanden werden, deren Logik die Kategorien Differenz, Otherness und Exklusion zu fassen versuchen. (vgl. Balibar 2005: 20f., eigene Übersetzung). Kurz, es gilt, sowohl die Intersektionalität von Herrschafts- und Ungleichverhältnissen in der Rassismusanalyse zu reflektieren, als auch einen weiten Rassismusbegriff im Blick zu haben, der sich als allgemeine Struktur in all diese Verhältnisse einschreibt.

Zweitens: Alltagsverstand und Deutungskämpfe

Rassistische Diskursformationen sind nicht als starre Ensembles von Aussagen zu begreifen, sondern als „fluid, unstable and ‚decentered' complex[es] of social meanings" (Winant 1994: 59). Indem rassistische Differenzmarker mit Elementen unterschiedlicher Diskurse verkettet werden, nehmen sie beständig neue Bedeutungen auf. „In this situation the logic of racism needs to be appraised in what we shall call *metonymic elaborations.* This means that racisms may be expressed through a variety of coded signifiers." (Solomos; Back 1996: 27, Hervorhebung im Original)

Die Herstellung solcher „Äquivalenzketten" bedeutet, dass die rassistischen Prämissen, die bestimmten Aussagen und Praktiken eingeschrieben sind, gar nicht mehr explizit gemacht werden müssen. Vielmehr gehen sie in diesem „impliziten Rassismus" als „ein Satz *unhinterfragter Vorannahmen*" ein. „Diese ermöglichen die Formulierung rassistischer Aussagen, ohne dass die rassistischen Behauptungen, die ihnen zugrunde liegen, je ins Bewusstsein drängen." (Hall 1989b: 156, Hervorhebung im Original) Rassistisches Wissen durchzieht „die unterschiedlichen Diskurse einer Gesellschaft, von der Wissenschaft über den Staat, die Gesetzgebung, die Medien und die Wirtschaft bis in die Bildungsinstitutionen und die Familien […]. Die dadurch verallgemeinerten Begriffe, Kategorien und Hierarchisierungsschemata gehören dann zum gesellschaftlichen Allgemeingut und zum Alltagsverstand der Subjekte" (Morgenstern 2002: 105).

In medial und popularkulturell zirkulierenden Bildern und Narrativen werden diese Bedeutungen reproduziert, sodass sie sich im Alltagsverstand ablagern und zu „rassistischem Wissen" verfestigen. Damit sind jene gesellschaftlichen Wissensbestände oder Bedeutungsrepertoires gemeint, in denen *Otherness* signifiziert wird, und die in konkreten Situationen abgerufen und dadurch reproduziert werden.

Zugleich ist die beständige Reorganisation von Rassismus aber auch sozialen und politischen (Deutungs-)Kämpfen geschuldet. Demnach geht es für die Rassismusanalyse darum, „die Konjunkturen des Rassismus im Verhältnis zu sozialen Kämpfen" (Bojadžijev 2008: 14) zu bestimmen und mit zu reflektieren, wie die Kämpfe der von Rassismus Betroffenen „zu einer Reorganisation des Rassismus beigetragen" (ebd.: 13) haben. Dabei sind rassistische Argumentationsweisen nie nur (ideologische) Verblendung, sondern bedienen sich durchaus „praktisch adäquater" Rechtfertigungsstrategien, die in realen gesellschaftlichen Bezugssystemen fußen können. Kurz, rassistische Ideologien sind ein umkämpftes Feld, bieten Erklärungen der Welt und ändern sich somit auch mit sozialen Verhältnissen und Lebensbedingungen.

Moderner Rassismus

Die Konsequenz der bisherigen Ausführungen, Rassismus nicht ausschließlich als Phänomen des 18./19. Jahrhunderts bzw. überhaupt der kapitalistischen Moderne zu begreifen, soll im Umkehrschluss nicht bedeuten, die Spezifika des Rassismus in der Moderne auszublenden. Vielmehr müsste es darum gehen, die Artikulationsformen des Rassismus mit kapitalistischen Ausbeutungsverhältnissen und Weltmarkt, Nationalstaatlichkeit, Biopolitik, Migrationsbewegungen, modernen Vorstellungen geschlechtlicher Differenz und moderner Subjektivität herauszuarbeiten. Für Mark Terkessidis, der Rassismus im Anschluss an Foucault als Dis-

III. Rassismus

positiv, d.h. als institutionellen Macht-Wissen-Komplex, versteht, besteht „dieser institutionelle Komplex [in der Moderne] aus der jeweiligen historischen Formation von Arbeitsteilung, (National) Staat und hegemonialer Kultur" (Terkessidis 1998:12). Die damit angerissene Problematik, die hier entlang von sieben Thesen grob umrissen werden soll, ist in vielen antirassistischen Debatten zentral:

Erstens ist mit der Proklamation allgemeiner Menschen- und Bürgerrechte im „Zeitalter der bürgerlichen Revolutionen" eine neue „Begründungslast" für rassistische und geschlechtsbezogene (wie auch klassenbezogene) Ausschlüsse und Ungleichheiten entstanden, die eine Biologisierung behaupteter Differenzen beförderte. Ungleichheit kann nicht mehr ohne weiteres als „natürlich" behauptet werden, sondern wird nun „in der Natur" gesucht und gefunden und unter Rekurs auf vermeintlich natürliche Merkmale legitimiert. Vor dem Hintergrund der Proklamation allgemein-menschlicher Freiheit und Gleichheit muss nun begründet werden, warum es sich bei den *Anderen* nicht gleichermaßen um Menschen handelt, denen Freiheit und Gleichheit zukommen soll. Also, dass „der Universalismus der bürgerlichen Ideologie (…) *nicht* mit dem System von Hierarchien und Ausgrenzungen *unvereinbar* ist, das vor allem die Form des Rassismus und Sexismus annimmt" (Balibar 1992e: 14, Hervorhebung im Original).

Zweitens fällt diese Entwicklung zusammen mit dem Einbezug hauptsächlich *außereuropäischer Anderer* in einen entstehenden kapitalistischen Weltmarkt und globale Strukturen der Arbeitsteilung im Kontext von kolonialer Expansion und Sklaverei. Immanuel Wallerstein hat in diesem Zusammenhang von einer „Ethnisierung der Weltarbeitskraft" gesprochen. „Rassismus ist demnach ein Ausdruck der Institutionalisierung der durch die internationale Arbeitsteilung durchgesetzten Hierarchien." (Bojadžijev 2008: 41; vgl. Balibar 1992e: 11) Wobei in Abgrenzung zu anderen historischen Erscheinungsformen von Rassismus die Betonung auf neue kapitalistische Verhältnisse gelegt werden muss.

Drittens existiert der kapitalistische Weltmarkt jedoch nur als politisch fragmentierter Weltmarkt, d.h. in seiner Artikulation mit dem Weltstaatensystem. Die Herausbildung des kapitalistischen Weltmarkts war begleitet von Prozessen moderner Staatsbildung und der Konstruktion nationaler Gemeinschaft und Zugehörigkeit, die Balibar als *„fiktive Ethnizität"* (Balibar 1992c: 118, Hervorhebung im Original) bezeichnet – sprachliche, kulturelle, „rassische" usw. Homogenisierung nach Innen. Dies fußte auf exkludierenden Vorstellungen nationaler Identität und rechtlichen Kategorien der StaatsbürgerInnenschaft sowie klar umrissenen territorialen Grenzen. Der Nationalstaat wird somit zur zentralen institutionellen Vermittlungsinstanz der realen wie imaginären Grenzziehung zwischen *Eigenem* und *Anderem*. Es ist letztlich der Nationalstaat, in dem sich die Ideen der Gleichheit der BürgerInnen institutionalisieren. So manifestiert sich auch eine historische Verbindung (oder „wechselseitige Determination") von Nationalismus und Rassismus „zunächst in der Art und Weise, wie die Entwicklung des Nationalismus […] völlig anders gelagerte Antagonismen und Verfolgungen in einen modernen Rassismus verwandelt" (Balibar 1992b: 67). Rassismus war eng verknüpft mit „Prozessen der Klassenformierung und -reproduktion und der Formierung und Reproduktion von Nationalstaaten" (Miles 1998: 213), wobei *das Andere* nicht allein außerhalb der Grenzen nationaler Gemeinschaften situiert wurde: „[D]ie Vorstellung von ‚Rasse' [war] für interne ideologische Prozesse der Unterordnung und Beherrschung historisch zentral […] – Prozesse, in denen Bevölkerungen *innerhalb* der entstehenden Nationalstaaten in Europa zum Objekt wurden. Bestimmte Klassen in Europa haben […] nicht nur *außereuropäische*, sondern auch *innereuropäische* Bevölkerungsgruppen als Rasse konstruiert." (ebd.: 200, Hervorhebungen im Original)

Viertens fällt dem kapitalistischen Staat die Aufgabe zu, die Spannung zwischen der im Kontext kapitalistischer Weltwirtschaft erforderlichen Arbeitskräftemobilität und der Sicherung staatlicher Grenzen und bevölkerungspolitischen Regulation zu verwalten. Diese Artikulation von Ökonomie, Staat und Rassismus wird im Konzept des Migrationsregimes zusammengezogen: „Die strukturellen Spannungen und Ungleichheiten in der internationalen Arbeitsteilung […] wirken über den Staat in die Strukturen der nationalen Segmentierung von Arbeitsmärkten." (Bojadžijev 2008: 41) Die rassistische Segmentierung des Arbeitsmarkts und

Spaltung der Klasse ist also strukturelles Merkmal kapitalistischer Gesellschaftsformationen.

Fünftens erschöpft sich die biopolitische Funktion des Staates nicht allein in der Regulation der Migration, sie beinhaltet darüber hinaus, „normalisierend" zu intervenieren sowie die moralische, gesundheitliche und sexuelle Kontrolle. Dieser biopolitische Rassismus seit Mitte des 19. Jahrhunderts richtet sich gegen „Entartete" und „Degenerierte", die mit „niederen Rassen" (und diese wiederum mit Frauen) „in Verbindung gebracht und ähnlichen selektorischen Diskursen und später auch Praxen ausgesetzt" (Sarasin 2003: 63) wurden. Der biopolitische Rassismus ist jener, der „das Gesunde vom Kranken scheidet, und zwar in dem Maße, wie das ‚Gesunde' auf der Ebene des Volkskörpers gesucht wird; Rassismus ist eine Selektion, die die als ‚krank', als ‚fremd', als ‚unrein' oder als ‚rassisch anders' vorgestellten Teile der Bevölkerung ausscheidet. Das muss, wie Foucault betont, nicht zur tatsächlichen Tötung führen, sondern beginnt schon bei der sozialen Ausgrenzung beziehungsweise beim sozialen Tod dieser Menschen" (ebd.: 62).

Sechstens, wie Ann Laura Stoler und andere im Anschluss an Foucault gezeigt haben, ist die Durchsetzung der bürgerlichen Ordnung und die Konstruktion eines bürgerlichen Selbst eng mit der Konstruktion des Anderen verknüpft, wobei die bürgerliche Sprache der Differenz um die „starken Differenzen" (Sarasin) „Rasse", Klasse, Geschlecht organisiert ist. Der Prozess der Herausbildung eines bürgerlichen Selbstverständnisses ist nicht von dessen rassistischen Kategorien und der kolonialen „Ordnung der Dinge" abtrennbar: „Die Diskurse der Selbstbeherrschung trugen zur Produktion von Rassenunterschieden bei, sie halfen, einen klaren Begriff von ‚Weißheit' zu formulieren, und legten fest, was es hieß, ein wahrer Europäer zu sein." (Stoler 2002: 321) Gerade an der kolonialen *frontier* konturierte sich europäische Bürgerlichkeit besonders deutlich, sodass die imperialen Konfigurationen für „die Kultivierung des bürgerlichen Selbst im 19. Jahrhundert […] geradezu konstitutiv waren" (ebd.: 321). In den Praktiken des Kolonialismus und der Zivilisierungsmission verschränkten sich Rassen-, Klassen- und Geschlechterdiskurse, die zugleich auch im metropolitanen Kontext gegen „innere Feinde" in Stellung gebracht wurden. „Kurzum, jener Diskurs über das bürgerliche Selbst basierte auf […] einer Hierarchie von Unterscheidungen in Wahrnehmung und Praxis, welche die Kategorien eines durch Rasse [sic!], Klasse oder Sexualität bestimmten Anderen zu verschiedenen Zeitpunkten strategisch verschmolz oder substituierte oder einfach nur nivellierte." (ebd.: 325) Die Konstruktion eines bürgerlichen, europäischen Selbst wurde in Diskursen hervorgebracht, in denen „die Zuschreibung von Rassenzugehörigkeiten von geschlechtsspezifischen Einschätzungen abhing und in denen ‚Charakter', ‚Herkunft' und gute Erziehung immer schon rassenabhängig gedacht wurden. Diese Diskurse schreiben nicht nur vor, was als angemessenes Verhalten gilt; sie machen auch deutlich, wie tiefgreifend die bürgerliche Identität mit Vorstellungen von ‚Europäertum' und ‚Weißsein' verknüpft war und wie sehr die sexuellen Vorschriften dazu dienten, einige Bürger des Nationalstaats als authentisch und privilegiert auszuzeichnen und abzusichern" (ebd.: 325).

Siebtens wurden Ende des 19. Jahrhunderts auch die subalternen metropolitanen Klassen in eine gemeinsame „europäische und weiße" Identität eingebunden. Im Kontext der Industrialisierung hatte sich „die phantasmatische Gleichsetzung der ‚arbeitenden Klassen' und der ‚gefährlichen Klassen'" aufgebaut, die „einem engmaschigen Netz von polizeilichen und anderen Einrichtungen sozialer Kontrolle" (Balibar 1992d: 253) unterworfen wurden. Dabei „verdichten sich alle typischen Aspekte der Rassisierung einer sozialen Gruppe in ein und demselben Diskurs: das materielle und geistige Elend, die Kriminalität, das Laster (Alkohol und Drogen), körperliche und moralische Merkmale, Ungepflegtheit und sexuelle Zügellosigkeit, spezifische Krankheiten, die die Menschheit mit ‚Entartung' bedrohen" (ebd.: 252f.). Nunmehr tritt eine neuartige Organisierung von Hegemonie auf, die die subalternen metropolitanen Klassen in eine „nationale" Identität integriert. Dies hat sich auch im Zusammenhang mit der Herausbildung des „sozialen Nationalstaats" (Balibar) vollzogen, „d.h. ein Staat, der in die Reproduktion der Wirtschaft und vor allem in die Bildung und Ausbildung der Menschen, in die Strukturen der Familie, des Gesundheitswesens und, allgemeiner gesagt, in den gesamten Raum des ‚Privatlebens' ‚eingegriffen' hat […] mit der

Folge, dass die Existenz der Menschen aller Klassen ihrem Status als Bürger des Nationalstaats, d.h. ihrer Eigenschaft als Staatsangehörige vollständig untergeordnet wurde" (Balibar 1992c: 114).

Mit diesen Ausführungen entlang allgemeiner Strukturmerkmale der bürgerlich-kapitalistischen Moderne ist ein grober Rahmen für aktuelle kritische rassismustheoretische Analysen abgesteckt, das befreit die Forschung aber noch nicht von der Analyse der jeweils konkreten historischen Konfigurationen und Konjunkturen spezifischer Erscheinungsformen des Rassismus. Eine solche Herangehensweise soll im folgenden Abschnitt für den europäischen Rassismus nach 1945 skizziert werden.

Debatten um einen kulturalistischen Neorassismus

Die Stärke eines weiten Rassismusbegriffs, der eben nicht an die enge ideologische Vorstellung von „Rasse" gebunden ist, besteht auch darin, die Konjunkturen des Rassismus nach 1945, also im Kontext der vermeintlichen Diskreditierung des biologistischen *Rasse*begriffs, zu fassen.

Sicherlich: Biologistische Argumentationsweisen des Rassismus sind aus gegenwärtigen politischen Auseinandersetzungen, wissenschaftlichen Debatten und alltäglicher Diskriminierung beileibe nicht verschwunden, weder in ihrer „klassischen Form", noch in neueren Formen auf Grundlage der Genetik, der Soziobiologie oder der Ethnomedizin. So wurde etwa der „Rassensaal" im Wiener Naturhistorischen Museum erst 1996 auf öffentlichen Druck hin geschlossen. Das soziobiologische Machwerk „The Bell Curve. Intelligence and Class Structure in American Life" von Richard Hernstein und Charles Murray, das statistische Zusammenhänge zwischen Klassenposition, „Rasse" und Intelligenz behauptete, schaffte es zum internationalen Bestseller. Erst unlängst hat der deutsche „Sozialdemokrat" Thilo Sarrazin ähnlich lautende Argumente in „Deutschland schafft sich ab" wiederaufgelegt. In der Zeitschrift *Nature Genetics* debattierten noch 2004 GenetikerInnen und EvolutionsbiologInnen ernsthaft über den wissenschaftlichen Status des *Rasse*begriffs. Anlässlich der Leichtathletik-Weltmeisterschaft ergingen sich SportjournalistInnen wieder darin, die Dominanz Schwarzer SportlerInnen aus ihrer körperlichen Disposition abzuleiten.

Dennoch ist der unverklausulierte biologistische Rassismus im öffentlichen Sprachgebrauch mittlerweile doch weitgehend stigmatisiert. Rassismus dürfte es also „zumindest, wenn man die offiziellen Zeichen seines institutionellen Niedergangs deutet […] eigentlich kaum mehr geben. Als wissenschaftliches System befand er sich schon seit Beginn des 20. Jahrhunderts auf dem Rückzug […]. Als politisches System wurde er durch den Nationalsozialismus völlig diskreditiert […] und verlor nach dem Ende der Apartheid seine letzte staatliche Bastion […]. Als soziales System erschütterte der offizielle Übergang von der weißen Vorherrschaft zur Rassendemokratie in Brasilien […], zum Multikulturalismus in Australien […] oder zur positiven Diskriminierung in den USA […] nachhaltig seine Geltung" (Hund 2007: 5). Es scheint, als sei mit der Tabuisierung des biologistischen *Rasse*begriffs dem engen, traditionellen Rassismusverständnis sein Objekt abhandengekommen. Man müsste also „zu der Schlussfolgerung gelangen, Rassismus sei in Europa im achtzehnten Jahrhundert entstanden und zu einer einflussreichen Ideologie geworden, im neunzehnten und zu Beginn des 20. Jahrhunderts zur Blüte gekommen, habe dann begonnen, dahinzusiechen, und sei schließlich einige Jahre nach 1945 ziemlich schnell gestorben" (Miles 1998: 194).

In der kritischen Rassismusforschung jedoch ist überzeugend herausgearbeitet worden, dass die öffentliche Diskreditierung des biologistischen Rassismus nach 1945 eine Restrukturierung rassistischer Argumentationsweisen nach sich gezogen hat. Im Zuge von Dekolonisation, Transnationalisierungstendenzen und neuen Migrationsbewegungen habe sich ein „Rassismus ohne Rassen" [13] (Balibar 1992a: 28) als neue rassistische Konfiguration herausgebildet, dessen ideologischer Kern in der Behauptung der Unaufhebbarkeit *kultureller Differenz* besteht. Als scharfer Analytiker des Rassismus hat Frantz Fanon bereits 1956 darauf hingewiesen: „Der Rassismus, der sich rational, individuell, genotypisch und phänotypisch determiniert gibt, verwandelt sich in einen kulturel-

---

13 Diese rassismustheoretischen Interventionen werden in der heutigen Debatte und im weiteren Text mehr oder weniger synonym unter folgenden Begrifflichkeiten verhandelt: Kulturrassismus, Neorassismus, kulturalisierender Neorassismus, differentialistischer Kulturrassismus und „Rassismus ohne Rassen".

len Rassismus." (1972: 40) Ähnlich hat auch Theodor W. Adorno festgestellt: „Das vornehme Wort Kultur tritt anstelle des verpönten Ausdrucks Rasse, bleibt aber ein bloßes Deckbild für den brutalen Herrschaftsanspruch." (2003: 277)

Vor allem im Kontext der Neuformierung der Europäischen Rechten in den 1980er Jahren hat schließlich auch die rassismustheoretische Debatte die kulturalistische Reorganisation rassistischer Diskurse zur Kenntnis genommen und theoretisch wie politisch reflektiert. Martin Barker hat 1981 in „The New Racism" das Aufkommen dieses Neo-Rassismus im spezifischen gesellschaftspolitischen Kontext der ideologischen Neuausrichtung der britischen Tories in der Krise der 1970er Jahre situiert: Parallel zum Aufbrechen traditioneller Solidarbeziehungen durch den Thatcherismus wurde die kulturelle Homogenität der britischen Nation (*englishness*) als durch Immigration bedroht stilisiert. Das Neue an dieser Spielart des Rassismus liege darin, dass hier der *Rasse*begriff aufgegeben und durch *kulturelle Differenzen* ersetzt wird, und einer segregationistischen Politik kultureller „Entmischung" das Wort geredet wird, ohne dabei explizit wertende Vorstellungen von Über- und Unterlegenheit der wesensmäßig verschiedenen Kulturen bedienen zu müssen. Im selben Atemzug werden, gestützt auf soziobiologische Theorien, rassistische Diskriminierung und Gewalt als „natürliche Reaktion" auf „Überfremdung" anthropologisiert: „Human nature is such that it is natural to form a bounded community, a nation, aware of its differences from their nations. They are not better or worse. But feelings of antagonism will be aroused if outsiders are admitted." (Barker 1981: 21f., zit. n. Miles; Brown 2003: 61) Insofern implizierte der *neue* Rassismus auch eine eigene Politik eines reaktionären „Antirassismus": Solange Kulturen unter sich bleiben, die Anderen auf Distanz gehalten werden, die „Toleranzschwellen" der „Aufnahmegesellschaften" beachtet werden, kann es auch keinen Rassismus geben. Der neue Rassismus findet in der Biologie nicht mehr die Grundlage „rassischer Differenz", sondern rassistischer Diskriminierung, indem nicht „*rassische Zugehörigkeit, sondern das rassistische Verhalten zu einem natürlichen Faktor*" (Balibar 1992a: 30, Hervorhebung im Original) erklärt wird. Die Verfechter der hier beschriebenen Debatte um kulturalistischen Neorassismus sind

„keine Mystiker des Erbguts, sondern ganz ‚realistische' Techniker der Sozialpsychologie" (Balibar 1992a: 31).

Ähnliche Positionen in Bezug auf die „Metamorphosen der rassistischen Repräsentationen und Argumentationen" (Taguieff 1998: 223) haben Etienne Balibar und Pierre-André Taguieff für Frankreich entwickelt. Auch hier ließe sich in den Diskursen der Neuen Rechten eine Verschiebung rassistischer Argumentationsmuster *„von der biologischen Ungleichheit zur Verabsolutierung kultureller Differenz"* (ebd.: 222f., Hervorhebung im Original) beobachten. Während der *racisme inégalitaire* explizit auf ein biologistisches Rassenkonzept rekurriert und die so konstruierten *Rassen* hierarchisiert, operiert der *racisme differentialiste* über die Behauptung fundamentaler *kultureller Differenz* und Inkompatibilität zwischen *Eigenem* und *Anderem*. Taguieff erläutert: „Diese Formen des Neorassismus setzen weder einen *biologischen* Dogmatismus noch die Behauptung der *Ungleichheit* aufgrund von Rassenbeziehungen voraus – Positionen, die nun wissenschaftlich disqualifiziert und sozial nicht mehr akzeptabel waren. Sie lassen sich von einer ideologischen Bastelei (bricolage) ableiten, die auf zwei wesentlichen Schritten beruht: einer Verteidigung *kultureller Identitäten* und einer *Verherrlichung (éloge) der Differenz*." (ebd.: 236, Hervorhebungen im Original)

Diese Reartikulation rassistischer Argumentationsmuster ist nicht auf den französischen oder englischen Kontext beschränkt – nach Balibar handelt es sich vielmehr um ein „transnationales Phänomen" in der „Epoche der Entkolonisierung" (Balibar 1992a: 23): Im Unterschied zum älteren Kolonialrassismus richten sich rassistische Argumentationsfiguren nun gegen MigrantInnen *innerhalb* der europäischen metropolitanen Gesellschaften. Die Restrukturierung rassistischer Diskurse steht somit in Resonanz zur Transformation der sozialen, ökonomischen und geopolitischen Verhältnisse.

„Ideologisch gehört der gegenwärtige Rassismus, der sich bei uns um den Komplex der Immigration herum ausgebildet hat, in den Zusammenhang eines ‚Rassismus ohne Rassen' […], dessen vorherrschendes Thema nicht mehr die biologische Vererbung, sondern die Unaufhebbarkeit der kulturellen Differenzen ist; eines Rassismus, der – jedenfalls auf den ersten Blick – nicht mehr die Überlegenheit bestimmter Gruppen oder Völker über andere postuliert, sondern sich darauf ‚beschränkt', die Schädlichkeit jeder Grenzverwischung und die Unvereinbarkeit der Lebensweisen und Traditionen zu behaupten." (ebd.: 28)

Dieser „differentialistische Rassismus" kategorisiert nicht mehr in „Rassenhierarchien", sondern „anhand eines augenscheinlich weniger brutalen Kriteriums: das Assimilierbare wird gegen das Nicht-Assimilierbare gestellt" (Taguieff 1998: 243). Der gesamte Integrationsdiskurs kreist im Kern um diese Denkfiguren: „Assimilation [wird] als Voraussetzung dafür verlangt […], sich in die Gesellschaft ‚integrieren' zu dürfen […] (wobei zugleich unterschwellig immer der Verdacht gehegt wird, […] Assimilation sei oberflächlich, unvollständig und bloß vorgetäuscht)." (Balibar 1992a: 33)

Gleichzeitig setzten sich auch in der medialen Darstellung geopolitischer Konflikte und (Bürger)Kriege, wie beispielsweise jener am Balkan, Vorstellungen „natürlicher ethnischer" Differenz und Konfliktualität durch. In diesem Kontext sticht besonders ins Auge, wie Religion als ethnisch-kulturalistischer Differenzmarker konstruiert wurde. Die Bevölkerung Bosnien-Herzegowinas wurde häufig in ihrer Gesamtheit als „ethnic Muslims" etikettiert. Auch die Konflikte zwischen ProtestantInnen und KatholikInnen in Nordirland werden zunehmend in Begriffen „ethnischer Spannungen" diskutiert und diese wiederum als „natürliche Abwehrreaktionen" anthropologisiert.

Eben diese Kulturalisierung sozialer Auseinandersetzungen und geopolitischer Konflikte wurde bereits im Kapitel I ausgeführt und stellt sich nun als rassismustheoretische Frage. Diese Herausforderung haben, wie eben beschrieben, zunächst TheoretikerInnen außerhalb des deutschsprachigen Raums aufgegriffen.

Die zentrale Einsicht und Pointe dieser Debatte um einen differentialistischen Kulturrassismus oder kulturellen Neorassismus besteht nun darin, dass hier ein essentialistisch gedachtes Kulturkonzept als funktionales Äquivalent des biologistischen *Rasse*begriffs auftritt. Die dabei bediente, ideengeschichtlich weit zurückreichende Vorstellung von Kultur bezeichnet „einen alles beherrschenden, substanzialisierten und geschlossenen Bereich. Er zerfällt gemäß einer anthropomorphen Analogie in einen *Körper*, den das *Volk* bildet [...] und einen *Geist*, der die kulturellen Ausdrucksformen des Volkes umfasst" (Terkessidis 1995: 48). Demgemäß ließe sich die Welt in „Kulturen" aufspalten, die als nach außen abgeschlossen, nach innen homogen, wesensmäßig voneinander unterscheidbar und historisch stabil gedacht werden. Auf diese Weise wird Kultur „gleichsam naturalisiert und zu einem dem biologischen Gefängnis des Rassenkörpers vergleichbaren Raum vorsozialer Unmittelbarkeit gemacht [...], aus dem es kein Entrinnen geben soll" (Hund 2007: 11). Solche Vorstellungen von Kulturen finden sich auch bei Samuel P. Huntingtons „Kampf der Kulturen", wie bereits im Kapitel I ausgeführt wurde.

Dennoch sollte darauf hingewiesen werden, dass es sich bei dieser Verschiebung von „Rasse" zu Kultur nicht einfach um eine „Tarnungsoperation [handelt] [...], die aufgrund des mehr als schlechten Rufs des Ausdrucks ‚Rasse' und seiner Ableitungen nötig geworden wäre" (Balibar 1992a: 27). Es wäre verkürzt, den ideologischen Kern des kulturellen Neorassismus auf die Formel zu bringen: „Sie sagen Kultur und meinen Rasse, sie sagen das eine und meinen das andere." (Fischer; Gstettner 1990: 13, zit. n. Flatz; Gärtner 1998: 219) Die Behauptung, „dass ‚Rasse' und ‚Kultur' als austauschbare Begriffe zu werten sind und dass ‚Ethnie' oder ‚Kultur' oft nur aus politisch-taktischen Gründen anstelle von ‚Rasse' verwendet werden" (Mosler 2013: 45), verstellt die Sicht auf die Reartikulationen und Konjunkturen des Rassismus. Wenn der Neorassismus lediglich darin besteht, dass „ein ‚kultureller' Aspekt einer Lebensweise [...] als äußerer Ausdruck ererbter ‚Rassenzugehörigkeit' betrachtet wird" (Morgenstern 2002: 82), wird nicht nur „Rasse" zum Ausgangspunkt einer Rassismusdefinition gemacht, sondern die Semantik des Begriffs auch unzulässig ausgeweitet und damit der Kern kulturrassistischer Argumentationsstrategien verfehlt. Die rassistische Signifikation *kultureller Differenz* kann eben nicht einfach als „Rassenkonstruktion" (*racialization*) begriffen werden.

Der kulturelle Neorassismus oder differentialistische Kulturrassismus ist nicht einfach Camouflage des rassenbezogenen Rassismus, wobei der Unterschied allein im lexikalischen TaschenspielerInnentrick bestünde, ein Wort („Rasse") durch ein anderes

("Kultur") auszutauschen, sondern es handelt sich tatsächlich um eine unterschiedliche rassistische Artikulationsweise im Kontext neuer Migrationsbewegungen und gesamteuropäischer Identitätsbildungsprozesse. Charakteristisch für den kulturalistischen Rassismus der vergangenen drei Jahrzehnte ist nämlich, dass dieser die älteren Biologismen explizit zurückweist und in der Betonung *kultureller Differenz* wesentliche Argumentationsmuster eines antirassistischen Multikulturalismus aufgegriffen, reartikuliert und gegen MigrantInnen gewendet hat. Pierre-André Taguieff hat in diesem Zusammenhang von „Retorsion" gesprochen.

„Retorsionseffekt" und Fallen des Antirassismus
Nach Taguieff beruht die „große ideologische Akzeptanz" des kulturellen Neorassismus oder differentialistischen Kulturrassismus „sowohl in ihrer langen Verwurzelung innerhalb einer ‚linken' politischen Kultur als auch auf einem alltäglich gewordenen, antirassistischen Gebrauch innerhalb eines neochristlichen Imperativs der ‚Achtung für den Anderen'" (Taguieff 1998: 236). Was ist damit gemeint? Taguieff denkt dabei an antirassistische Politiken des Multikulturalismus und an separationistische Vorstellungen antikolonialer Befreiungsbewegungen, die gewisse Ähnlichkeiten mit den differentialistischen Argumentationsfiguren der Neuen Rechten aufweisen – beide würden, wenn auch mit unterschiedlichen politischen Intentionen und Begründungen, die Achtung *kultureller Differenzen* beschwören.

Die multikulturalistische Politik der *Toleranz* und *kulturellen Vielfalt* zielte gegen jene EinwanderungsgegnerInnen, die nach dem „Zuwanderungsstopp" ihre großangelegten Pläne zur „Rückführung" mit rassistischen Argumenten untermauerten. Statt als Problem sollte die migrantische Bevölkerung als kulturelle Bereicherung für die Dominanzgesellschaft wahrgenommen werden. So gut gemeint diese Ansätze auch gewesen sein mögen, so problematisch waren sie doch in mehrfacher Hinsicht. Zum einen zementierten sie damit gerade die Trennung zwischen „eigener" und „fremder" Kultur. Die strukturellen Ursachen von Inklusion und Exklusion wurden damit letztlich der politischen Auseinandersetzung entzogen. Zum anderen wurde Politik meist aus der Perspektive der Dominanzgesellschaft gedacht, für die sich *Tole-*

ranz lohnen sollte: Entweder im ökonomischen Sinn, oder eben im Sinne „kultureller Bereicherung". Philomena Essed hat in diesem Zusammenhang von „repressiver Toleranz" (Marcuse) gesprochen: „Bei Herrschaftsbeziehungen setzt der Toleranzbegriff voraus, dass die eine Gruppe die Macht hat zu tolerieren, während die andere nur abwarten kann, ob sie nun toleriert oder zurückgewiesen wird. Von daher ist die Toleranz ihrem Kern nach eine Form der Kontrolle. […] Die Sprache der Toleranz ist die des guten Willens, ihre Praxis aber bedeutet, dass andere Kulturen anhand der herrschenden Normen und Werte durchforscht, kategorisiert, etikettiert und taxiert werden." (Essed 2000: 272)

Der Antirassismus der Nachkriegszeit bewegte sich somit laut Taguieff am diskursiven Terrain der rassistischen Hegemonie. Jene Politik des Antirassismus, die strategisch auf die Anerkennung der Gleichwertigkeit und Unterschiedlichkeit der Kulturen setzte und sich in Plädoyers für die Achtung kultureller Vielfalt erschöpfte, habe damit ungewollt dem für den gegenwärtigen Rassismus charakteristischen kulturellen Differentialismus Vorschub geleistet. „[D]ie ‚Wert-Norm' der Differenz, die seit den fünfziger Jahren im Zentrum der antirassistischen Argumentation stand, [wurde] integriert und ‚verkehrt', um zu einer Speerspitze des gegenwärtigen Neo-Rassismus zu werden." (Taguieff 1998: 242)

Gegen Taguieffs zugespitzte Thesen, die letztlich nicht nur auf eine Kritik am multikulturalistischen Antirassismus hinauslaufen, sondern auch die Forderung antikolonialer Bewegungen und migrantischer Zusammenschlüsse auf ein „Recht auf Differenz" in den Bereich eines „Gegenrassismus der Beherrschten und Unterdrückten" (Taguieff 1998: 237) stellen, ist aber zurecht eingewandt worden, dass die Politik der Differenz der Neuen Rechten nicht umstandslos gleichgesetzt werden kann mit Forderungen eines „Rechts auf Differenz" der von Rassismus Betroffenen. Mona Singer betont: „Die Gemeinsamkeit der Diskriminierten liegt nicht darin, dass ihre Gemeinsamkeit denselben Essentialismus bestätigt, durch den sie diskriminiert werden. Sie liegt vielmehr darin, dass sie als Individuen diskriminiert werden, weil ihnen als Kollektiv etwas Essentialistisches zugeschrieben wird. Und es kann in der Folge auch angenommen werden, dass sie durch gemeinsame Lebensbedingungen, in denen sich die Diskriminierungen manifestieren, ähnliche Interessen und Werte entwickeln." (Singer 1997: 85)

Konzeptionen *kultureller Identität* müssen also nicht automatisch ausgrenzend und essentialistisch gedacht sein, denn sie bewegen sich in ambivalenten Gefielden: „Eine erzwungene kontextuelle Identitätspolitik ist nicht in eins zu setzen mit der Identitätspolitik derer, von denen der Zwang ausgeht und die davon profitieren. Denn im ersten Fall kann kulturelle Identität als eine politische Identität eingesetzt werden, während im zweiten Fall politisch essentialisierend erstere hergestellt wurde/wird. Wenn jedoch der Widerstand selbst wieder auf der Vorstellung von kohärenten Identitäten basiert, dann wird Ausschluss und Unterwerfung bloß reproduziert." (Singer 1997: 86)

Gayatri Chakravorty Spivak hat für solche politischen Strategien, die sich zwar dem Konstruktionscharakter rassistischer Kategorisierungen bewusst sind, die aufgrund dieser Zuschreibungen geteilte Erfahrung der Diskriminierung allerdings als Ausgangspunkt politischer Praxis und Identität aufgreifen, als „strategischen Essentialismus" bezeichnet (vgl. Spivak 1996).

Was gibt's Neues?

Unklarheit besteht bis dato in der Frage, worin eigentlich das Neue der neorassistischen Konfiguration im Vergleich zu älteren Debatten besteht. Hingewiesen wurde bereits auf den spezifischen gesellschaftlichen und politischen Kontext, in dem die neuen rassistischen Erscheinungsformen artikuliert werden: Die Diskreditierung des *Rasse*begriffs, die Kämpfe der Dekolonisation, die Restrukturierung der europäischen Migrationsregime und die Inversion oder Retorsion des antirassistischen Differentialismus.

Umgekehrt bleibt in der Debatte um den gegenwärtigen kulturalisierenden Rassismus oft unterbelichtet, dass dessen zentrale ideologische Komponenten historisch viel weiter zurück reichen. Wie weiter oben bereits ausgeführt wurde hat sich der Rassismus historisch überwiegend auf kulturalistische Argumentationsmuster gestützt und auch die Betonung vorgeblich wertneutraler Differenz gegenüber Hierarchisierung und Inferiorisierung zählt zu den Standardrepertoires rassistischer Diskriminierung. Selbst in der Hochphase rassistischer Biologismen hat sich die politische

Rechte ebenso sehr auf essentialistische und substantialistische Vorstellungen abgeschlossener Kulturkreise gestützt. Ebenso ist darauf hingewiesen worden, dass die für den Kolonialrassismus konstitutive Angst vor „Vermischung", Phantasmen der Reinheit und Politiken der Segregation nicht hauptsächlich auf biologistischen sondern gerade auf kulturellen Argumenten gründeten, ebenso wie das 1948 in Südafrika institutionalisierte System der Apartheid (vgl. Fredrickson 2011).

Der differentialistische Kulturrassismus oder kulturalistische Neorassismus sollte demnach weniger als neue Phase vom älteren „Rassenrassismus" (Hund 2007, 2008) – im Sinne einer historischen Abfolge – abgesetzt werden, vielmehr können Hierarchisierung/Inferiorisierung und Segregation/Differenzierung als zwei Modalitäten und Artikulationsformen des Rassismus verstanden werden, wobei der Verweis auf biologische, körperliche Merkmale manchmal stärker, manchmal weniger stark in den Vordergrund treten kann, während die Naturalisierung *kultureller Differenzen* den ideologischen Kern aller Rassismen ausmacht. Wie der Theoretiker des Postkolonialismus Robert Young herausgestellt hat sei gegenwärtig zwar die Vorstellung verbreitet, dass „we have moved from biologism and scientism to the safety of culturalism [...] but that shift has not been so absolute for the racial was always cultural, the essential never unequivocal" (Young 1995: 25f.).

Diese Einsicht ist bei den kritischen TheoretikerInnen des Neorassismus zwar nicht detailliert ausbuchstabiert, aber durchaus präsent. Sowohl Balibar als auch Taguieff haben beide den Antisemitismus als Prototyp des differentialistischen Kulturrassismus verstanden (siehe auch Kapitel IV). Für Balibar handelt es sich beim gegenwärtigen „Rassismus ohne Rassen" um einen „verallgemeinerten Antisemitismus":

„Der moderne Antisemitismus [seit dem 15. Jahrhundert] [...] *ist bereits* ein ‚kulturalistischer Rassismus'. Gewiss haben die körperlichen Stigmata darin einen bedeutenden phantasmatischen Stellenwert, jedoch eher als Zeichen einer tiefsitzenden Psychologie, eines geistigen Erbes, denn eines biologischen Erbgutes. Diese Zeichen sind sogar, wenn man das so sagen kann, umso verräterischer, desto weniger sichtbar sie sind, und der Jude ist um so ‚echter', je unerkennbarer er ist.

Sein Wesen besteht darin, eine kulturelle Tradition und ein Ferment moralischer Zersetzung zu bilden. Der Antisemitismus ist also differentialistisch *par excellence* – und unter einer Vielzahl von Gesichtspunkten lässt sich der gegenwärtige differentialistische Rassismus seiner Form nach *als ein verallgemeinerter Antisemitismus* betrachten." (Balibar 1992a: 32) Und auch für Taguieff kann der kulturalistische Neorassismus „in einem bestimmten Sinne als eine Generalisierung der modernen Judeophobie bezeichnet werden […]." (Taguieff 1998: 246) Juden und Jüdinnen gelten im Antisemitismus als „mentale Rasse" der „kulturell nicht Assimilierbaren" (ebd.). Gerade weil Juden und Jüdinnen trotz aller pseudowissenschaftlichen Bemühungen eben nicht aufgrund körperlicher Merkmale als solche identifizierbar sind, benötigten NationalsozialistInnen den Judenstern, um Sichtbarkeit herzustellen.

Neil Davidson hat in seiner Reflexion des Neorassismus auf Irland und Südafrika als zwei weitere historische Präzedenzfälle verwiesen, „in which an entire people were being defined by virtue of what had previously been seen as an acquired characteristic – religion in the first, culture more generally in the second – rather than biology" (Davidson 1999: 16). Das in Südafrika 1948 etablierte System der „Rassentrennung" basierte nicht einfach auf biologistischen, sondern auf kulturalistischen Argumenten. W.W.M. Eislen, einer der intellektuellen Architekten der Apartheid, hat dies explizit formuliert: „Not race but culture was the true basis of difference, the sign of destiny. […] If the integrity of traditional cultures were undermined, social disintegration would follow. […] Segregation was the proper course for South Africa, because only segregation would preserve cultural differences." (Kuper 1999: xiii)

Diese historischen Anmerkungen verweisen freilich auf eine allgemeinere rassismustheoretische und rassismusgeschichtliche Einsicht, deren Notwendigkeit im vorhergenden Abschnitt erläutert wurde: „Kultur tritt nicht erst nach der Diskreditierung des *Rasse*begriffs an dessen Stelle, sondern war auch im modernen Rassismus schon deswegen immer eng mit ihm verbunden, weil es ja gerade um das angebliche kulturelle Unvermögen der sogenannten niederen Rassen ging." (Hund 2006: 18)

IV.
Antimuslimischer Rassismus

Es ist nun an der Zeit – endlich! – die bisherigen Ausführungen zu einem theoretischen Begriff des antimuslimischen Rassismus zusammen zu führen und von konkurrierenden Deutungen des Phänomens als Islamophobie, Islamfeindlichkeit, antimuslimischen oder antiislamischen Vorurteilen und Ressentiments, Antimuslimismus oder Antiislamismus abzusetzen. Diese Abgrenzung hat nichts mit übertriebener begrifflicher Spitzfindigkeit zu tun, sondern stützt sich auf die Erkenntnis, dass unterschiedliche theoretische Konzeptualisierungen des Gegenstandes auch unterschiedliche politische und praktische Gegenstrategien implizieren.

Umso dringlicher scheint dies, als sich die deutschsprachige Literatur in weiten Teilen überhaupt um die Frage gedrückt hat, wie denn die gegenwärtige Konjunktur und breite gesellschaftliche Anschlussfähigkeit antimuslimischer Bilder und Denkfiguren zu begreifen und zu erklären ist und somit strategisch leer bleibt. So wichtig jüngere Arbeiten zum „Feindbild Islam" in ausgewählten Medien sind und so wertvolles Material Studien zur gesellschaftlichen Akzeptanz antimuslimischer Vorurteile und Stereotype geliefert haben, so sehr bleiben die meisten dieser Untersuchungen auf der deskriptiven Ebene stecken – oder reproduzieren im schlimmsten Fall sogar noch jene Dichotomien und Ausschlüsse, die sie zu kritisieren vorgeben, wie Ilka Eickhof am Beispiel mehrerer Umfragedesigns gezeigt hat (vgl. Eickhof 2010: 19-22).

Letztlich dürften diese Schwächen auf rassismustheoretische Defizite der deutschsprachigen Debatte zurückzuführen sein, wodurch die Auseinandersetzung mit antimuslimischen Praktiken der Exklusion von gesellschaftstheoretischen Überlegungen abgeschnitten wird.

In diesem letzten Abschnitt soll daher eine theoretische Konzeption von antimuslimischem Rassismus entwickelt, antimuslimische Diskurse und Praktiken anhand ausgewählter Themenfelder konkret erläutert und die gesellschaftlichen Effekte und Funktionen des antimuslimischen Rassismus – besonders in Zeiten der Krise – verdeutlicht werden.

Kampf der Begriffe II: Islamophobie, Islamfeindlichkeit, Antimuslimismus

In der internationalen Debatte hat sich seit dem *Runnymede Report* „Islamophobia: A Challenge for Us All" 1997 „Islamophobie"[14] als allgemein gebräuchliche Kategorie weitgehend durchgesetzt (vgl. u.a. Allen 2010) und wurde 2001 auch von den *Vereinten Nationen* offiziell anerkannt.

Die AutorInnen des *Runnymede Reports* definierten Islamophobie als „unfounded hostility towards Islam. It refers also to the practical consequences of such hostility in unfair discrimination against Muslim individuals and communities, and to the exclusion of Muslims from mainstream political and social affairs" (The Runnymede Trust 1997: 4). Kurz, Islamophobie sei ein „shorthand way of referring to dread or hatred of Islam – and, therefore, to fear or dislike of all or most Muslims" (ebd.: 1). Dieser „Hass auf den Islam" und „Angst vor MuslimInnen" gründe auf einem „closed view of Islam", der sich in unterschiedlichen Positionen äußern könne: Zum einen in der Konstruktion des Islam als monolithisch und statisch; zweitens als abgeschlossener, separater und „anderer" Kultur; weiters als barbarisch, irrational, primitiv, sexistisch und daher dem Westen unterlegen, außerdem als gewalttätiger, aggressiver, bedrohlicher, terroristischer Gegenspieler und Feind im „Kampf der Kulturen"; als politische Ideologie oder als grundsätzliche Zurückweisung jeder islamischen Kritik am „Westen"; schließlich als durch Islamfeindschaft begründete Praktiken der Exklusion und Diskriminierung von MuslimInnen am Arbeitsmarkt, im Bildungs- und Gesundheitssystem und der

---

14 Zur Geschichte des Wortes Islamophobie siehe beispielsweise Allen „Islamophobia" 2010: Die erste Verwendung wird je nach Quelle gegen Ende des Ersten Weltkriegs, in den 1970er Jahren im Kontext der Iranischen Revolution, bei Said 1985, im Kontext der russischen Interventation in Afghanistan oder 1991 in der US-Zeitschrift *Insight* verortet. (vgl. Poole 2004: 215; Rana 2007: 148; Said 1985: 99)

Politik sowie als verbale, physische und gegen Eigentum gerichtete Gewalt und zuletzt in der Akzeptanz antimuslimischer Feindlichkeiten als natürlich und normal (ebd.: 5).

An diesen Definitionsversuch haben sich seither unzählige Abhandlungen zu Islamophobie angelehnt. Wilhelm Heitmeyer etwa, Stichwortgeber der Forschungsgruppe zu „Gruppenbezogener Menschenfeindlichkeit", die maßgeblich zur Verbreitung des Islamophobiebegriffs in der deutschsprachigen wissenschaftlichen Debatte beigetragen hat, definiert sie als „Ablehnung und Angst vor Muslimen, ihrer Kultur und ihren politischen und religiösen Aktivitäten" (Heitmeyer 2007: 17). Jürgen Leibold und Steffen Kühnel präzisieren: Unter „Islamphobie"[15] seien *„generelle ablehnende Einstellungen gegenüber muslimischen Personen und allen Glaubensrichtungen, Symbolen und religiösen Praktiken des Islams"* zu verstehen, die drei Aspekte umfassen: „eine angstbesetzt ablehnende und abwehrende Haltung gegenüber Muslimen", „die pauschale negative Beurteilung islamischer Kultur und Wertvorstellungen" sowie „distanzierende Verhaltensabsichten gegenüber Muslimen." (Leibold; Kühnel 2003: 101, Hervorhebungen im Original)

In der internationalen Debatte sind jedoch schnell auch die analytischen Schwächen des Begriffs „Islamophobie" deutlich geworden, der im Übrigen im *Runnymede Report* selbst als „not [...] ideal" (The Runnymede Trust 1997: 4) bezeichnet worden ist. Die Kritik richtet sich dabei auf beide Teile des zusammengesetzten Substantivs: Sowohl auf „Islam" als auch auf „Phobie". Zum einen suggeriert das Suffix Phobie, dass es sich um pathologische und krankhafte Ängste handle (vgl. Rattansi 2007: 108). In dieser Perspektive wird Islamophobie dann vor allem als Problem *individueller Einstellungen* und *Dispositionen* verstanden, deren Verbreitungsgrad sich in Umfragen ermitteln, messen und quantifizieren ließe. Programmatisch trägt etwa ein unlängst erschiene-

---

15 Dass sich „Islamophobie" auch im deutschsprachigen Raum als Bezeichnung durchgesetzt hat, wird auch daran deutlich, dass Leibolds und Kühnels explizit an das Runnymede Modell angelehnte Definition in den nächsten Folgen der „Deutschen Zustände" unkommentiert nicht mehr als „Islamphobie" sondern als „Islamophobie" bezeichnet wird.

ner Sammelband zu Islamophobie den Untertitel „Measuring and Explaining Individual Attitudes" (Helbling 2012).

Erklären ließen sich solche Einstellungen wiederum „über das individuelle Ausmaß an sozialer Dominanzorientierung und Autoritarismus" (Leibold et al. 2012: 181), wobei sich „Vorurteile gegenüber *Fremdgruppen*" besonders dann ausbilden, „wenn der Bestand der *Eigengruppe* oder ihre Positionierung in der gesellschaftlichen Hierarchie als gefährdet wahrgenommen wird", weil dadurch „Bedrohungsempfinden" und „Gefühle der *Überfremdung*" (ebd.: 179; Hervorhebung d. Verf.[in]) befördert werden. Die gesellschaftlichen Strukturen und Machtverhältnisse geraten damit ebenso aus dem Blick wie die Frage, in welchen diskursmächtigen Institutionen „rassistisches Wissen" produziert wird – eben die *gesellschaftliche Konstruktion* von „Eigen- und Fremdgruppe", gar nicht zu sprechen von unreflektierten Diskursen der „Überfremdung". Die in den Untersuchungen von Leibold und Co. festgestellte Korrelation von Fremdenfeindlichkeit und Islamophobie ist insofern wenig überraschend als im antimuslimischen Rassismus die unter Kapitel I und II beschriebenen Bilder und Denkfiguren des GastarbeiterInnen- und AusländerInnen-Diskurses aufgegangen sind. Diese Verschiebung in der Migrationsdebatte musste aber diskursiv erst durchgesetzt werden und ergibt sich nicht schon daraus, dass „sich Fremdenfeindlichkeit in Deutschland gerade gegen Migranten türkischer Herkunft richtet, die wiederum mehrheitlich Muslime sind" (Leibold; Kühnel 2003: 105). Diese Formulierung macht gerade unsichtbar, dass es weder selbstverständlich ist, dass die sogenannte „zweite und dritte Generation" immer noch über ihren (türkischen) „Migrationshintergrund" adressiert wird, noch, dass diese nun als „MuslimInnen" wahrgenommen werden. Ebenso undeutlich bleibt, dass es sich bei der Markierung als „Muslim" oder „Muslima" eben um eine Zuschreibung handelt und diese überhaupt nichts mit einem verallgemeinerbaren oder individuellen Selbstverständnis zu tun hat. Der Ansatz läuft hier Gefahr, unbewusst die Dichotomie zwischen Wir und Ihr festzuschreiben – was sich dann auch im Umfragedesign („unsere westliche Welt", „unsere Freiheiten und Rechte") widerspiegelt.

In dieser Hinsicht reproduziert die Rede von Islamophobie all jene Probleme, die weiter oben bereits unter „Kampf der Begriffe I" formuliert worden sind. Dasselbe gilt für den in der deutschsprachigen Debatte oft synonym zu Islamophobie verwendeten Begriff „Islamfeindlichkeit", der alle Probleme der „Ausländer- und Fremdenfeindlichkeitsansätze" geerbt hat. Die begrifflich implizierten politischen Gegenstrategien der Dominanzgesellschaft erschöpfen sich folglich in Plädoyers für Toleranz, in pädagogisch-therapeutischen Maßnahmen zum Abbau von Ängsten und Vorurteilen und in der Förderung des gegenseitigen Verständnisses der Religionen und Kultur im interreligiösen Dialog, die selten ohne Paternalismus auskommen und meist *den Islam* auf die Anklagebank setzen.

Die in Islamkonferenzen und ähnlichen Veranstaltungen nahegelegte Deutung unterstellt dabei auch – und das wäre der zweite Kritikpunkt – dass sich die Ängste und Vorurteile in erster Linie auf *den Islam* und dessen tatsächliche Differenz zum Westen beziehen würden (vgl. Attia 2009: 42). Fred Halliday hat etwa kritisiert, dass Islamophobie „the distortion […] that there is *one* Islam: that there is something out there against which the phobia can be directed" (Halliday 1999: 898) reproduziert. Tatsächlich legt die Formulierung des *Runnymede Trust*, bei Islamophobie handle es sich um „*unfounded* hostility towards Islam", nahe, selbst genau über *den Islam* Bescheid zu wissen und zwischen begründeter und unbegründeter, zutreffender und unzutreffender Kritik klar differenzieren zu können. Allerdings hat Brian Klug – zurecht – angemerkt, dass „Islamophobie" nicht notwendig die Konstruktion eines monolithisch gedachten Islam stützt: „It is hard to see how the term *itself* implies this. For, if you view ‚Islamophobia' as a compound word semantically […], and if ‚Islam' is the component that carries this implication […], then it carries this implication when it is used per se, which is absurd. The word ‚Islam', in and of itself, does not imply an absence of diversity." (Klug 2012: 674)

Treffender als Hallidays Unterstellung der Homogenisierung *des Islam* ist aber sein Einwand, dass islamophobe Diskurse und Praktiken nicht in erster Linie auf die Religion, sondern auf dessen AnhängerInnen gerichtet sind: „‚Islam' as a religion was the enemy

IV. Antimuslimischer Rassismus

in the past: in the crusades or the *reconquista*. It is not the enemy now [...] The attack now is against not *Islam* as a faith but *Muslims* as a people, the latter grouping together all, especially immigrants, who might be covered by the term. [...] [T]he enemy is not faith or a culture, but a people." (Halliday 1999: 898, Hervorhebungen im Original) Deshalb schlägt Halliday vor, besser von *Antimuslimismus* zu sprechen.

Tatsächlich geht es, wie unten noch ausführlicher erläutert wird, nicht um eine theologische Debatte, nicht um Islam als Religion – wie die Rede von „Islamophobie [...] als religiöse Komponente der Fremdenfeindlichkeit" (Leibold; Kühnel 2003: 105) suggeriert –, sondern um die Diskriminierung von MuslimInnen und als solchen Markierten. Die strenge Differenzierung, die Hallidays Position zugrundeliegt, lässt sich dennoch in der Praxis nicht aufrechterhalten und wird der Komplexität antimuslimischer Diskurse und Praktiken nicht gerecht. Gewissermaßen merkt man Hallidays Position an, dass sie bereits in den späten 1990er Jahren formuliert wurde, etwa wenn er behauptet, „the polemic, in press, media, or political statement" ziele nicht „against the Islamic faith" (Halliday 1999: 898). Damit wird unterschlagen, dass gegenwärtig gerade unter Verweis auf Koranzitate Diskriminierungspraktiken gegen MuslimInnen legitimiert werden.

Umgekehrt scheint auch die historische These unplausibel, dass sich die Kreuzzüge oder die Reconquista allein gegen den Islam als Religion gerichtet hätten. Sicherlich wurden die Feinde der *christianitas* hauptsächlich in religiösen Begriffen modelliert, dennoch richteten sich diese Unternehmungen nicht gegen abstrakte theologische Ideen, sondern eben gegen „Sarazenen", „Mauren" oder „Türken". Insofern ist Robert Miles und Malcolm Brown zuzustimmen, dass „neither Muslims nor Islam exist without the other, so it is not really possible to separate hatred of Muslims from a hatred of Islam" (Miles; Brown 2003: 166). Sicherlich kann eine Unterscheidung zwischen MuslimInnen und Islam getroffen werden – aber „when the people in question are identified – both by themselves and by their enemy – by that very idea [d.h. Islam], the distinction starts to lose its difference" (Klug 2012: 676).[16]

Antimuslimischer Rassismus als Rassismus

Als adäquate Theoretisierung des Phänomens scheiden somit sowohl Islamophobie und Islamfeindlichkeit, als auch Antimuslimismus aus.

Sicherlich bedeutet das nicht, dass immer, wenn das Wort Islamophobie fällt, notwendig auch auf Phobien und Pathologien rekurriert wird. So betont AbdoolKarim Vakil, dass „Islamophobia', like other conceptual terms, is not reducible to the etymology of the word, nor fixed in its usage by ‚originary' formulations such as that of the Runnymede Trust Report" (Vakil 2010: 271f.). Das Wort „Islamophobie" kann recht unterschiedliche Begriffe und Konzeptualisierungen des Gegenstands bezeichnen. Gegen eine solche Verwechslung der Etymologie eines Konzepts mit seiner begrifflichen Definition – „we know what Islam is, and we know what phobia means, thus we can understand Islamophobia as fear of Islam" (Sayyid 2010a: 2) – ist eingewandt worden, den Begriff besser pragmatisch, ausgehend von seinen tatsächlichen Verwendungsweisen zu bestimmen, weil bereits viel zu viel Energie dafür aufgebracht worden sei „to use an etymological discussion of Islamophobia as a means of uncovering its essence" (Sayyid 2010b: 13). Tatsächlich verwenden einige AutorInnen Islamophobie fast synonym mit antimuslimischem Rassismus.

Ebenso richtig ist der Einwand, dass sich beispielsweise auch „Homophobie" als Begriff durchgesetzt hat, ohne individu-

---

16 Deshalb scheint mir auch Iman Attias Differenzierung zwischen Antiislam-ismus und antimuslimischem Rassismus wenig überzeugend: „Mit Antiislamismus ist […] die Homogenisierung und Abwertung des Islam als religiös definiertes ‚Anderes' angesprochen (gelesen also eher als Anti-Islam-ismus). Antiislamismus bezieht sich stärker auf religiöse Aspekte (Homogenisierung der Religion, falsche oder einseitige Darstellungen, religiöse Abgrenzungen und Feindbilder etc.), während antimuslimischer Rassismus die Konstruktion und Essentialisierung ‚der/des Anderen' als Muslime/islamisch fokussiert und damit die diskursive Verschränkung von (islamischer) Religion mit Kultur, Gesellschaft, Politik etc. thematisiert." (Attia 2009: 55)

IV. Antimuslimischer Rassismus

elle Pathologien zu suggerieren. Selbst Begriffe wie Antisemitismus (vgl. Benz 2010) sind beileibe keine treffsicheren Bezeichnungen des zu erklärenden Phänomens (und noch weniger in der Schreibweise Anti-Semitismus[17]). Dennoch ist es, wie Nasar Meer und Tariq Modood angemerkt haben, „striking to note the virtual absence of an established literature on race and racism in the discussion on Islamophobia" (Meer; Modood 2010: 71).

Möglicherweise hat dies auch mit der Tatsache zu tun, dass sich Islamophobie ausgehend von einer Studie über Großbritannien durchgesetzt hat und dem Begriff somit auch die Schwächen und Engführungen antirassistischer Politik ebendort eingeschrieben sind. Denn in Großbritannien war – wie Chris Allen (2010) anmerkt – Antirassismus lange Zeit vor allem um die Kategorien *blackness* und *race* organisiert. MuslimInnen konnten demnach ihre Diskriminierungserfahrungen nicht mit Rassismus in Verbindung setzen, sodass ein neuer Begriff notwendig schien.

Allerdings herrscht auch in der deutschsprachigen Debatte keineswegs Klarheit. Zwar wird zum Beispiel bei John Bunzl und Farid Hafez „der Begriff der Islamophobie in einem weit definierten Rassismus-Begriff verortet" (Bunzl; Hafez 2009: 7), eine Erläuterung dieser Aussage fehlt jedoch. Kay Sokolowsky wiederum spricht in seiner Abhandlung zum „Feindbild Moslem" zwar von Rassismus, zieht seine Argumentation aber zentral über die „Ängste" der „Moslemfeinde" auf, sodass sich sein Text eher als Paradebeispiel für die Pathologisierung des Phänomens liest (Sokolowsky 2009).

Achim Bühl schließlich schlägt vor, den Begriff „Islamfeindlichkeit" als „Pendant zum Terminus der Judenfeindlichkeit" (Bühl 2010: 293) im Sinne eines „übergeordneten Begriff[s]" (ebd.: 294) zu verwenden, der dann, ähnlich zur Unterscheidung zwischen einem religiös begründeten Antijudaismus und dem modernen Antisemitismus, zu differenzieren wäre in einen älteren „Antimohammedanismus" und einen modernen „antimuslimischen Ras-

---

17 Dies würde suggerieren es ginge um Diskriminierung von „SemitInnen", was selbst eine rassistische Konstruktion ist: „There was, and is, no ‚Semitism' to be anti. Neither hyphen nor capital S is needed for antisemitism." (Tatz 2003: 18, zit. n. Hund 2008: Anm. 4)

sismus", der „speziell rassistisch begründete Konzepte bzw. Motivationen" erfassen soll (ebd.). Nun ist aber die Debatte um die Differenzierung zwischen einem religiös begründeten Antijudaismus und dem modernen Antisemitismus bereits wesentlich differenzierter und vielschichtiger, als Bühl hier annimmt. Undeutlich bleibt somit auch, was denn nun das „rassistische" des modernen antimuslimischen Rassismus im Unterschied zu einem früheren religiösen Antimohammedanismus ausmachen soll. Selbstverständlich artikuliert sich der gegenwärtige antimuslimische Rassismus anders als die Legitimationsrhetorik des ersten Kreuzzugs Ende des 11. Jahrhunderts. Aber damit ist die theoretische Frage der Konzeptualisierung des antimuslimischen Rassismus erst aufgeworfen, und noch nicht bereits erledigt!

Warum und in welchem Sinn also antimuslimischer Rassismus?

Diese Position ist zunächst konfrontiert mit den Verteidigungsstrategien der RassistInnen selbst, die freilich den Vorwurf des Rassismus weit von sich weisen. So behauptet etwa Thilo Sarrazin: „Ich bin kein Rassist. Wenn Sie mein Buch gelesen haben, wissen Sie, dass ich die Integrationsprobleme muslimischer Migranten in Europa auf den islamischen kulturellen Hintergrund zurückgeführt habe." (Sarrazin 2010) Necla Kelek wiederum hat in ihrer Verteidigung Sarrazins dasselbe Register bedient: Sarrazin könne gar kein Rassist sein, „denn der Islam ist keine Rasse, sondern Kultur und Religion" (zit. n. Shooman 2011: 59).

Nun ist diese billige Apologie schon deshalb entlarvend, weil selbstverständlich *der Islam* keine „Rasse" ist – ebenso wenig wie es andere „Rassen" gibt. Es handelt sich dabei, wie im vorhergehenden Kapitel ausführlich dargestellt wurde, um gesellschaftliche Konstruktionen. Wichtiger ist jedoch das Argument, dass Rassismus nicht auf die Konstruktion von „Rassen" reduziert werden kann. Wie erläutert besteht der Kern rassistischer Ideologien in der Naturalisierung gesellschaftlicher Ungleichheit, die wesentlich um Vorstellungen kultureller Differenzen organisiert ist. Insofern muss Sarrazins Rückführung der „Integrationsprobleme muslimischer Migranten" auf „den islamischen kulturellen Hintergrund" als rassistische Diskursstrategie gelesen werden, in der ein essen-

IV. Antimuslimischer Rassismus

tialistischer Kulturbegriff die rassistische Grenzziehung zwischen *Wir* und *Ihr* fixiert.

So weit so klar? Leider nein, denn bemerkenswerterweise ist sich auch die internationale kritische Rassismusforschung unsicher, inwiefern im Fall des antimuslimischen Rassismus von *Rassismus* gesprochen werden sollte. So hält Ali Rattansi fest: „Given that Muslims globally have all shades of skin colour, ethnicity, and nationality, it is difficult to argue in any straightforward way that even if Islamophobia exists, it is a form of racism." (Rattansi 2007: 109) Auch Robert Miles und Malcolm Brown formulieren verwirrend unklar: „When Muslims become a racialised group, an amalgam of nationality (‚Arab' or ‚Pakistani', for example), religion (Islam) and politics (extremism, fundamentalism, terrorism) is frequently produced in Orientalist, Islamophobic and racist discourses. […] However, like other religious Others, the alleged distinctiveness of the Muslim is not usually regarded as biological or somatic, so Islamophobia is not to be regarded as an instance of racism. However, it does interact with racism, and […] there was an anachronistic quasi-racialisation of the Muslim (as ‚Saracen', ‚Turk' or ‚Moor') in the Middle Ages." (Miles; Brown 2003: 164)

Die Engführungen eines an „Rasse" angelehnten allgemeinen Rassismusbegriffs verstellt hier die Sicht. Deshalb sollen im Folgenden die Erkenntnisse der im vorigen Kapitel entwickelten rassismustheoretischen Ausführungen am konkreten Beispiel des antimuslimischen Rassismus noch einmal durchbuchstabiert werden: Antimuslimischer Rassismus funktioniert über die Essenzialisierung kultureller Differenz, d.h. die Konstruktion *des Islam* als statischer, homogener, wesenhaft verschiedener Kultur. MuslimInnen und als solche Markierte werden in dieser Perspektive entindividualisiert auf die (ihnen zugeschriebene) Zugehörigkeit zum *Islam* reduziert, hinter der andere soziale Besonderungen zurücktreten. Dabei kann ein bestimmtes als „muslimisch" markiertes Äußeres ebenso zum Marker (Bedeutungsträger) werden wie ein Kleidungsstück wie das Kopftuch oder ein Name, die jeweils ein ganzes Arsenal von Bildern und Assoziationen abrufen, die wiederum auf die als muslimisch markierten Individuen und Gruppen projiziert werden (vgl. Shooman 2010: 104). Daher wird den Betroffenen des antimuslimischen Rassismus auch ständig abverlangt, sich zu allen möglichen Ereignissen zu positionieren, die mit „dem Islam" in Verbindung gebracht werden – weil dieser ja „ihre Kultur" sei: „Jeder einzelne Muslim wird verantwortlich gemacht für Suren, an die er nicht glaubt, für orthodoxe Dogmatiker, die er nicht kennt, für gewalttätige Terroristen, die er ablehnt, oder für brutale Regime in Ländern, aus denen er selbst geflohen ist." (Emcke 2010b) Verschwörungstheoretischen Überhang erhält die Forderung, sich beständig zu Demokratie und Menschenrechten bekennen und von Fundamentalismus distanzieren zu müssen, schließlich dann, wenn dieses Bekenntnis unter Verweis auf die angeblich islamische Doktrin der *taqiyya* nicht geglaubt wird, die es MuslimInnen erlaube, Nicht-Gläubige zu belügen.

Spiegelbildlich trägt dieser Prozess des *Otherings*, also der Konstruktion von Islam und MuslimInnen als Anderem, zum Selbstverständnis als christlicher oder säkularer „westlicher Kultur" bei, wobei erstere als fanatisch, gewaltbereit, vormodern und patriarchal, letztere als aufgeklärt, demokratisch und emanzipiert entworfen wird. Insofern zielt der antimuslimische Rassismus zugleich auf Abgrenzung nach außen und auf Integrationseffekte nach innen. „Religion" wird im diesem Zusammenhang als Dimension eines essentialistischen Kulturbegriffs gedacht. „Aus einer oftmals selektiven und wortwörtlichen Lektüre der Heiligen Schrift der MuslimInnen, des Korans, werden pauschale Rückschlüsse auf das soziale Verhalten der Mitglieder der Religionsgemeinschaft gezogen und damit unterstellt, diese seien in ihrem Handeln vorrangig und eindeutig von ihrer Religion bestimmt." (Shooman 2010: 108) Der Verweis auf Koranzitate kann so als „Erklärung" für die Eigenschaften und Dispositionen „der MuslimInnen" herhalten – und zwar vollkommen unabhängig davon, welche Rolle Religiosität für die Einzelnen spielt, was „muslimische Identität" jeweils individuell, subjektiv und kontextuell bedeutet, oder ob sich die Betroffenen überhaupt als MuslimInnen verstehen.

Im antimuslimischen Rassismus geht es eben überhaupt nicht um persönliche Religiosität. Insofern ist auch der Einwand falsch, es könne deshalb nicht von Rassismus gesprochen werden, weil Religion immer noch eine (reversible) persönliche Entscheidung sei, und keine essentialistische Zuschreibung. Meer hält dieser Diskursstrategie, die zwischen rassistischer Essentialisierung und frei gewählter religiöser Identität differenziert, um Diskriminierung von MuslimInnen *als MuslimInnen* als nicht-rassistisch zu rechtfertigen, entgegen, dass „the term ‚Muslim' is used as a way of categorizing certain agents, and creating social formations and definitions over which agents do not have control" (Meer 2008: 68). Meer bezieht sich hier vor allem auf die Debatten in Großbritannien zum *Race Relations Act* und die Frage, inwieweit der darin garantierte Schutz vor rassistischer Diskriminierung auch auf MuslimInnen anwendbar ist. Der zentrale Einwand dagegen „was based on the dichotomy between racial and religious identities: since the former are involuntary or ‚natural', it argued, they are deserving of protection, while the latter, being voluntarily held, are therefore undeserving of protection" (ebd.: 63). Durch diskursive Praktiken der Signifikation und materielle Praktiken der Exklusion werden MuslimInnen jedoch als objektives, quasi-natürliches Kollektiv abgegrenzt – und zwar aufgrund *zugeschriebener muslimness*.[18] Meer und andere sprechen deshalb von „Rassifizierung" von Religion und Kultur im antimuslimischen Rassismus (vgl. z.B. Meer; Modood 2009; Rana 2007; Shooman 2011). Am deutlichsten wird die Naturalisierung von Kultur und Religion wahrscheinlich in im Kontext des „Kriegs gegen Terror" durchgesetzten Praktiken des *racial profiling*, die „perpetuate a logic that demands the ability to define what a Muslim looks like from appearance and visual cues. This is not based purely on superficial cultural markers such as religious practice, clothing, language, and identification. A notion of race is at work in the profiling of Muslims" (Rana 2007: 149).[19]

---

18 Dies wird sogar in der deutschen Bevölkerungsstatistik deutlich, die *muslimness* als ethnisierte Herkunftskategorie begreift. Schätzungen über die Größe der muslimischen Bevölkerung in Deutschland werden hier aus migrationsstatistischen Daten über die Herkunftsländer von MigrantInnen abgeleitet. Wie Riem Spielhaus betont beruht hier „die zugrundeliegende Definition von ‚Muslim' auf Abstammung und nicht auf Glaubenspraxis oder religiöser Überzeugung. Bestimmend ist also, in welche Familie oder Ethnie man hineingeboren wird" (Spielhaus 2006: 31).
19 Ähnliche Argumente hat Moustafa Bayoumi (2006) in Bezug auf die „special registration policy" in den USA formuliert.

Auf die Problematik des Konzepts *racialization* und jener Ansätze, die die gegenwärtigen Artikulationsformen von kulturalisierendem Rassismus in Analogie zum biologistischen Rassismus zu erklären versuchen, ist allerdings auch bereits hingewiesen worden. Die Stärken eines weit gefassten Rassismusbegriffs, der die Spezifika unterschiedlicher rassistischer Legitimationsstrategien und Differenzkategorien herausarbeitet, kommen hier besonders zum Tragen. Denn im antimuslimischen Rassismus wird weniger „rassisiert" als kulturalisiert, dämonisiert, barbarisiert – und damit ältere Muster rassistischer Exklusion aktualisiert.

Panorama aktueller Debatten

In der Figur „des Moslems" und der „islamischen Kultur" verdichten sich Argumentationsmuster und Topoi mehrerer miteinander verwobener Diskursstränge, die im Wesentlichen im ersten und zweiten Kapitel bereits skizziert wurden: Bilder und Denkfiguren des klassischen Orientalismus des 18. und 19. Jahrhunderts, des Paradigmas vom „Kampf der Kulturen", migrations- und integrationspolitischer Debatten, in denen selbst kulturalistische Abgrenzungen und ökonomisches Nützlichkeitskalkül miteinander verknüpft sind, und in denen in den letzten zwei Jahrzehnten zunehmend emanzipativ besetzte Forderungen und Positionen in rassistischen Diskursstrategien und Diskriminierungspraktiken aufgegriffen worden sind.

Zum einen deutet die „Islamisierung der Debatten" um Migration und Integration darauf hin, dass sich ältere kulturrassistische Argumentationsfiguren des „Ausländerdiskurses" auf *MuslimInnen* verschoben haben. *MuslimInnen* stehen hier als Chiffre für unerwünschte Migration und „Integrationsverweigerung", während sich die Konstruktion einer „europäischen Leitkultur" durch Abgrenzung zu „der islamischen Kultur" bestimmt. Im Französischen wird dementsprechend auch von einem *racisme anti-arabe* oder *racisme anti-maghrébin* gesprochen, um zum Ausdruck zu bringen, dass es sich beim antimuslimischen Rassismus primär um einen Rassismus gegen MigrantInnen handelt. In dieser Gleichsetzung von antimuslimischem und antimigrantischem Rassismus werden allerdings mehrere Aspekte ausgeblendet: „[Z]um einen sind davon auch Nicht-MigrantInnen betroffen, sofern sie als MuslimInnen sichtbar sind, und zum anderen betonen diejenigen, die in solche rassistischen Diskurse verstrickt sind, dass sie MuslimInnen eben *als MuslimInnen* ablehnen." (Shooman 2010: 109) Darüber hinaus sind antimuslimische Diskurse nicht nur in westeuropäischen Migrationsgesellschaften präsent, sondern etwa auch in lateinamerikanischen oder osteuropäischen Ländern, deren muslimischer Bevölkerungsanteil relativ gering ist. Die Äquivalentsetzung von MuslimInnen und MigrantInnen „should not prevent us from seeing the other logics in which Muslims become metaphors for invaders, traitors and womanhaters" (Sayyid 2010a: 3). Das betrifft nicht zuletzt die Legitimationsrhetorik geopolitischer Interventionen und imperialistischer Kriege und die sich daran anschließende Paranoia vor „Schläfern", „U-Booten" und einer „islamischen Unterwanderung" im „globalen *jihad*". Im antimuslimischen Rassismus werden Äquivalenzketten und diskursive Kopplungen hergestellt, die ermöglichen, *muslimische MigrantInnen* in Europa und bspw. Ahmadinedschad in ein und demselben Referenzsystem zu verorten.

Die dabei mobilisierten Bilder und Topoi können aus einem reichen Archiv orientalistischer Argumentationsfiguren und der kolonialrassistischen Logik der Zivilisierungsmission schöpfen. Das Besondere, wenn auch nicht Neue, des antimuslimischen Rassismus scheint nämlich gerade darin zu bestehen, dass sich der Rassismus in der Sprache von Fortschritt, Moderne, Zivilisation und Emanzipation artikuliert. „Okzidentalität" wird in diesem „Neo-Orientalismus" zur neuen Leitdifferenz, über die sich *Europa* und *der Westen* vom „Rest" abzugrenzen suchen. Wie Carolin Emcke schreibt: „Den Muslimen werden Eigenschaften zugewiesen, die eine freie und heterogene Gesellschaft als intolerant ablehnen muss. Das Paradoxon dieser Form moderner Islamfeindlichkeit besteht darin, dass sie ihre Intoleranz immer mit ihrer Toleranz begründet, dass sie die eigene Ablehnung der kulturellen oder religiösen Vielfalt immer damit begründet, Muslime lehnten angeblich qua Zugehörigkeit zum Islam kulturelle oder religiöse Vielfalt ab." (Emcke 2010a: 217)

Anhand einiger ausgewählter Debatten soll diese Argumentationsstrategie nachvollzogen werden.

Der Sexismus der Anderen

In den öffentlichen Debatten werden in den letzten Jahren patriarchale Unterdrückung und Gewalt auffällig oft als ein Problem *des Islam* thematisiert. Häusliche Gewalt (sonst als „Familiendrama" verharmlost) wird dann als „Ehrenmord" „orientalisiert" und die kopftuchtragende Muslima wird zum Symbol des passiven, schweigenden, unterdrückten Opfers (vgl. dazu Pinn; Wehner 1995; Jäger 1996; Haug; Reimer 2005; Amir-Moazami 2007; Beck-Gernsheim 2007; Berghahn; Rostock 2009; etc.), womit zugleich eine besonders gefährliche muslimische (migrantische) Männlichkeit konstruiert wird.[20]

Dieser Diskurs hat einige bestimmte Charakteristika: Indem das „konservative westliche Geschlechtermodell [auf das muslimische Modell] projiziert wird" (Rommelspacher 2009: 397), tragen diese Vorstellungen im Umkehrschluss wesentlich zur Selbstvergewisserung eines *toleranten*, emanzipierten Europas bei. Vermittelt wird dadurch, dass *den MuslimInnen* die Aufklärung mit pädagogischen Mitteln, und zur Not auch mit Gewalt, beigebracht werden soll. „In der Gegenüberstellung der islamisch unterdrückten und der westlich emanzipierten Frau werden die Kulturen nicht nur polarisiert und hierarchisiert, sondern beide, und damit auch die westliche Kultur, homogenisiert, indem ‚die westliche Frau' umstandslos als emanzipiert gilt." (Rommelspacher 2002: 125) Solche Argumentationsfiguren sind freilich aus der kolonialen Zivilisierungsmission gut bekannt. Es ist, in den Worten Spivaks, „White men saving brown women from brown men" (Spivak 1988: 297) all over again! Allerdings sind (und waren[21]) es nicht nur „white men", sondern auch VerfechterInnen vermeintlich feministischer Strömungen, die diesen Diskurs befeuert haben.

---

20 Zu Konstruktionen migrantischer Männlichkeit vgl. z.B. Scheibelhofer 2011 und Scheibelhofer 2012. Scheibelhofer zeigt, dass die sich wandelnden Bilder migrantischer Männlichkeit eng mit den Veränderungen der Migrationspolitiken verkoppelt sind.
21 Die bürgerliche Frauenbewegung des späten 19. und frühen 20. Jahrhunderts markierte ihre eigene Modernität ja durch *Othering* der Frauen in den Kolonien, „Prostituierten" und proletarischen Frauen, woran sich die Zivilisierungsmission dieser *anderen Frauen* anschloss. (vgl. bspw. Dietrich 2007; Wildenthal 2001)

IV. Antimuslimischer Rassismus

Im Spiegel der Konstruktion der passiven unterdrückten muslimischen Frau soll die Emanzipation der „westlichen Frauen" besonders deutlich hervortreten. Es scheint, als ginge es hier gar nicht so sehr – oder zumindest nicht nur – um emanzipative Absichten, sondern um die ideologische Funktion dieses *Othering*-Prozesses, der gerade die *Differenz der Anderen* für die eigene Selbstvergewisserung benötigt: Die „andere Frau" „soll *gleich werden* und doch *verschieden bleiben*. Sie soll gleich werden, um den Emanzipationsauftrag zu erfüllen, gleichzeitig soll sie jedoch verschieden sein, um eine Kontrastfolie für das eigene Fortschreiten zu bieten. So symbolisiert im Orientalismus die orientalische Frau all das, was die westlichen Frauen hinter sich gelassen haben" (Rommelspacher 2009: 400, Hervorhebungen im Original).

Problematisch ist hier nicht nur das Sprechen *über* Muslima, sondern der „paradoxe" Effekt, dass die Stigmatisierung muslimischer Frauen als besonders unterdrückt Exklusion und Diskriminierung noch verstärkt. Erst unlängst wurde etwa in Frankreich einer Frau die Staatsbürgerinnenschaft aufgrund des Kopftuchs verweigert. Diese Politik verschleiert die repressive Dimension staatlicher „Emanzipationsimperative".

Rommelspacher zeigt, dass kopftuchtragende Muslima auch „deutlich schlechtere Chancen auf dem Arbeitsmarkt [haben] und zwar u.a. mit der Begründung, dass sie traditionell und familienorientiert seien und deshalb keinen beruflichen Ehrgeiz entwickeln würden. Demgegenüber gelten die deutschen Frauen als emanzipiert; da dies mit Intelligenz und beruflicher Kompetenz identifiziert wird, werden sie den anderen Frauen gegenüber vorgezogen" (ebd.: 397). Hier übersetzt sich also vermeintlich feministische Politik in „rassistisches symbolisches Kapital" (Weiß 2001), und dieses wiederum in ganz materielle Vorteile. Rommelspacher hat deshalb die ideologische Funktion dieser pseudofeministischen Positionen darin gesehen, „für die westlichen Frauen […] ihre Privilegierung den nichtdeutschen Frauen gegenüber zu legitimieren. Denn Tatsache ist, dass der soziale Aufstieg der einheimischen deutschen Frauen in den letzten Jahren zu einem Großteil auf die soziale Unterschichtung durch Migrantinnen zurückzuführen ist. Ihre berufliche Emanzipation verdanken die einheimischen Frauen also weniger der Aufhebung der Arbeitsteilung zwischen den Geschlechtern als vielmehr der Tatsache, dass die Einwanderinnen die schlecht bezahlten und untergeordneten Tätigkeiten übernommen haben" (Rommelspacher 2002: 128).

Mit Emanzipation hat das alles recht wenig zu tun – im Gegenteil. Denn dadurch wird nicht nur der soziale Aufstieg einer weiblichen Mittelklasse durch „Unterschichtung" eines migrantischen weiblichen Proletariats erkauft, sondern zugleich noch die bestehende vergeschlechtlichte Arbeitsteilung zementiert, deren Aufhebung „zunehmend ihre Dringlichkeit verliert" (ebd.: 129). Mehr noch: Mittlerweile haben die rassistischen Abgleitflächen eines westlichen Pseudofeminismus auch bereits zu recht „unwahrscheinlichen" Allianzen mit Kräften geführt, deren „neuentdeckter Feminismus" wohl wenig glaubwürdig ist. So unterstützten Schweizer Frauenrechtlerinnen die Minarettverbots-Kampagne der rechtspopulistischen Schweizer Volkspartei und niederländische Feministinnen entdeckten plötzlich Gemeinsamkeiten mit Geert Wilders.

An die Kritiken von Feministinnen aus dem Globalen Süden am westlichen, Weißen, Mittelklasse-Feminismus der zweiten Frauenbewegung, der die spezifischen Unterdrückungserfahrungen migrantischer, nicht-westlicher und proletarischer Frauen ausgeblendet und die eigenen Interessen mit denen *der Frauen* in eins gesetzt habe, wäre hier wieder zu erinnern. Die von Chandra Mohanty vorgeschlagene Politik einer „transnationalen feministischen Solidarität" (Mohanty 2002) geht davon aus, gemeinsame Interessen, Ziele und Strategien sowie mögliche Konvergenzen unterschiedlicher feministischer Kämpfe ausgehend von den spezifischen, partikularen Erfahrungswelten von Frauen zu entwickeln. Das setzt wiederum den gleichberechtigten Dialog „auf Augenhöhe" voraus – statt in kolonialer Manier immer nur *über* Muslima zu sprechen wäre also die dialogische Entwicklung feministischer Politiken der Emanzipation erforderlich. Dass die passivierende Rede von muslimischen Frauen als schweigsamen Opfern einem solchen Dialog nicht gerade zuträglich ist und dem antimuslimischen Rassismus in die Hände spielt, sollte deutlich geworden sein.

IV. Antimuslimischer Rassismus

Homonationalismus und Queerimperialismus

Eine ähnliche Verschränkung von Rassismus und Emanzipationsdiskurs lässt sich mittlerweile auch in Bezug auf queere Politiken ausmachen. „Nach dem 11. September 2001 war eine der liberalen Rechtfertigungen für die militärische Intervention gegen Afghanistan die Unterdrückung der Frauen, aber auch Schwulen unter den Taliban." (Klauda 2008: 15) Sowohl in der begleitenden Legitimationsrhetorik des „Kriegs gegen Terror", als auch in der „postmodernisierten" Integrationsdebatte wird Homophobie *gegen* rassistisch markierte Andere in Stellung gebracht und damit im Gegenzug die Akzeptanz unterschiedlicher geschlechtlicher/sexueller Identitäten geradezu als Markenzeichen *Europas* und *des Westens* verkauft. Wie Sarah Bracke anmerkt kann in Europa das Phänomen ausgemacht werden, dass „homosexuality is played out in national debates about national identity, ‚multicultural society' and Islam, while in a wider geopolitical realm, it emerges as a marker of the ‚civilized West'" (Bracke 2012: 245).

So wurden im berüchtigten sogenannten „Moslemtest" der baden-württembergischen Einbürgerungsbehörde auch Einstellungen zu Homosexualität abgefragt und in den Niederlanden prüft der 2006 eingeführte „Integrationstest" die Toleranz von Homosexualität von EinwanderInnen (und mittlerweile auch von „MigrantInnen", die bereits im Land leben). Überhaupt wird im öffentlichen Diskurs Homophobie zunehmend als Problem gewalttätiger muslimischer Männer kulturalisiert (vgl. Klauda 2008).

Dabei handelt es sich um eine relativ junge Entwicklung. Wie Jin Haritaworn zynisch bemerkt: „Feminists, long ridiculed as hysterical man-haters, and queers, traditionally criminalized and pathologized as promiscuous perverts and threats to the family and nation, have suddenly been declared part of an Occidental tradition of ‚women' and ‚gay-friendliness'." (Haritaworn 2008) Während im klassischen Orientalismus Bilder eines „feminisierten Orient [vorherrschten], in denen Orientalen als (sexuell) passiv, irrational, schwach und als gegensätzlich zu den aktiven, rationalen und maskulinen Europäern porträtiert" wurden, fand in der Nachkriegszeit eine Verschiebung hin zu einem Diskurs statt, in dem „Migrantinnen und Post-Migranten als eindringende ‚Ausländer', hypermaskulin, gewalttätig in ihrer Religiosität und als Bedrohung für die europäische Sicherheit und Identität angesehen" werden (Petzen 2005: 161). Zugleich hat sich die „articulation between homosexuality and civilization" im Vergleich zur Kolonialzeit ins Gegenteil verkehrt: „[H]omosexuality has switched sides in the familiar dichotomy: from a sign of uncivilization, homosexuality or at least the ‚tolerance' or ‚acceptance' of (certain modes of) it, has become a marker of civilization" (Bracke 2012: 249).

Diese Verschiebungen werden in der Literatur unter Schlagworten wie Homonationalismus und Queerimperialismus diskutiert, die in Resonanz stehen mit allgemeineren Prozessen der Reartikulation von Geschlecht und Sexualität im Neoliberalismus, die Lisa Duggan als „Homonormativität" gefasst hat. Damit bezeichnet sie eine Form neoliberaler Sexualitätspolitik, die „does not contest dominant heteronormative assumptions and institutions, but upholds and sustains them, while promising the possibility of a demobilized gay constituency and a privatized, depoliticized gay culture anchored in domesticity and consumption" (Duggan 2003: 50). Besonders in urbanen Kampagnen der Gentrifizierung und Projekten der „creative city" werden hier Integrationsangebote an eine gemäßigte und politisch „domestizierte" LGBT-Bewegung gemacht. In diesem Kontext sind nicht-normative vergeschlechtlichte Identitäten in nationalstaatliche und europäische Identitätsdiskurse aufgenommen worden und mit rassistischer Exklusion artikuliert worden: „In the scramble for legitimacy and funding, white gay and lesbian organizations in Europe are racing to offer themselves as experts with gender equality and integration ‚competences', which are vital in the project to civilize foreigners." (Petzen 2012: 108) Rassismus sei „das Vehikel, welches Weiße Schwule und Feministinnen in den politischen Mainstream befördert" (Haritaworn et al. 2007: 188). In diesem Diskurs spielen queere Muslime zwar eine Rolle, aber ähnlich wie kopftuchtragende Muslima hauptsächlich als Opfer und Objekte der Befreiung: Ein *coming out* wird folglich zugleich als Akt der Konversion gedacht.

Für Fatima El-Tayeb ist eine solche Kooptation queerer Bewegungen nicht zuletzt auch auf Schwächen der Analyse der Geschlechterpolitik im Neoliberalismus zurückzuführen:

"The Muslim community stands for an outmoded form of heterosexuality – intolerant of difference, violent toward women and gays, oppressive, static and unwilling to go with the times – in the eyes of radical queers (and feminists) as much as in those of liberals, conservatives and right-wingers. Embodying the failed essentialism of identity politics, religious fundamentalism, political correctness and the doomed industrial class system of 20th-century capitalism, they are positioned in opposition to the new values of diversity, tolerance and mobility. Identifying homophobia and misogyny as main characteristics of the global and European Muslim cultural practice allows white feminist and queer activists to remain within an analytic developed in response to forms of repression that seem to have vanished from Western European societies – except in its Muslim enclaves." (2012: 85)
Die Herausforderung radikaler Politik besteht aber gerade darin, diese Transformationen zu verstehen, in der nicht nur eine „homonormative" Domestizierung greifen kann, sondern auch die Mehrheit der Dominanzgesellschaft plötzlich Homophobie als Problem *des Islam* identifiziert und *Toleranz* für sich reklamiert – während zugleich dieselbe Mehrheit Homosexualität weiterhin als unmoralisch ablehnt. Der ideologische Effekt stellt sich eben unabhängig – und quer – zum realen Verbreitungsgrad homophober und sexistischer Einstellungen in der „europäischen Dominanzkultur" her. Wie Umfragen gezeigt haben, existiert die projektive Konstruktion *des* patriarchalen und homophoben Moslems parallel und gleichzeitig zur Hegemonie ebendieser Vorstellungen in der deutschen und österreichischen Dominanzgesellschaft: Dieselben Befragten, die MuslimInnen mehrheitlich für traditional und patriarchal halten, stimmen selbst „überfällig häufig" „rassistischen, antisemitischen, sexistischen und homophoben Aussagen" zu (Zick; Küpper 2009). Im europäischen Schnitt stimmen 78,2% der Aussage zu „[d]ie muslimischen Ansichten über Frauen widersprechen unseren Werten" und zugleich bejahen 60,2% „Frauen sollten ihre Rolle als Ehefrau und Mutter ernster nehmen" und 44,7% halten Homosexualität für unmoralisch (Zick et al. 2011). Die „moralische Panik" über muslimische Homophobie und muslimisches Patriarchat muss folglich als wesentliches Element der Konturie-

rung einer neuen europäischen Identität, einer neuen Grenzziehung zwischen *Europeanness* und *Otherness* begriffen werden.

Aufklärungsrassismus
Die auffällige Allianz zwischen rechtem, liberalem und linkem antimuslimischem Rassismus dürfte sich wohl genau damit erklären, dass alle auf diese Prozesse der Konstruktion europäischer Identität Bezug nehmen und Modernität und Fortschritt unter Bezug auf die Aufklärung für sich in Anspruch nehmen können, weil die Widersprüche des europäischen Aufklärungsprojekts eingeebnet werden. Dass mit der „europäischen Aufklärung" auch der moderne Rassismus geboren wurde – und dass die Shoah ebenso Produkt der „europäische Moderne" war (vgl. Bauman 1989; Traverso 2003) –, wird in der gegenwärtigen Debatte um die *europäische Identität* kaum thematisiert. So kann sich dann selbst der rechtsextreme Vordenker der FPÖ Andreas Mölzer zum Verteidiger der „historisch gewachsenen europäischen Werte, basierend auf der griechischen Philosophie, dem römischen Recht, germanischem Freiheitsstreben, auf dem jüdisch-christlichen Erbe des Humanismus und der Aufklärung" gegen die „Islamisierung" als „größte[r] Herausforderung für die europäische Leitkultur im 21. Jahrhundert" (Mölzer 2010) aufschwingen. Dass sich ausgerechnet Mölzer als Wächter des „jüdisch-christlichen Erbes des Humanismus und der Aufklärung" inszeniert, muss hier nicht weiter kommentiert werden, verweist jedoch darauf, dass im Spiegel des *muslimisch Anderen* die Identität Europas in Zeiten von Globalisierung, Transnationalisierung und europäischer Einigung neu ausgehandelt wird. Zugespitzt ließe sich sagen, dass „das einzig verbindende Element in allen europäischen Ländern derzeit eigentlich die Islamophobie ist" (Batur; Wolski 2008). Worin nämlich eine „europäische Leitkultur" bestehen soll, wird zwar durch allgemeine Bezüge auf Aufklärung und Moderne konturiert, konkretisiert sich aber erst in Abgrenzung *zum Islam*: „Es ist gerade die Stärke des schillernden Begriffs ‚Leitkultur', dass er eine semantische Leerstelle darstellt, die jeder und jede entsprechend seinen bzw. ihren Bedürfnissen füllen kann. Das Einzige, was er inhaltlich zweifelsfrei verspricht, ist Dominanz und Hegemonie." (Shooman 2010: 106) Die Tatsache, dass europäische Identitätskonstruktio-

IV. Antimuslimischer Rassismus

nen auch in nationalistische Begriffe etwa einer „deutschen Leitkultur" übersetzt werden, sollte dabei nicht darüber hinwegtäuschen, dass sich dieser neue Nationalismus vom älteren insofern absetzt, als der Gegner nicht mehr innerhalb Europas sondern außerhalb Europas verortet wird. Hilal Sezgin spricht deshalb von einem „transnationalen Nationalismus": Auch die „deutsche Leitkultur" ist „europäisch", insofern die zentrale Konfliktachse der Gegenwart zwischen „westlicher Moderne" und „islamischer Vormoderne" verläuft.

Inhaltlich mögen in diese Konstruktion zwar neue Elemente eingegangen sein – die Grundstruktur des Arguments bleibt aber jene des klassischen Eurozentrismus und Orientalismus, der einen „europäischen Weg" in die Moderne als Norm setzt:

> „In dieser Hinsicht übernimmt das Konzept der Moderne die Funktion von Ethnizität, nämlich sich vom Anderen abzugrenzen und unter den Menschen, die sich als modern begreifen, ein Bewusstsein von Gemeinsamkeit zu stiften. Zwar ist das Selbstverständnis auf der Basis der Moderne im Unterschied zum ethnischen offener formuliert, da ja alle prinzipiell die Möglichkeit haben könnten, aufzuholen und an die Moderne anzuschließen, aber da das Verständnis von Moderne ständig weiterentwickelt, neu ausdifferenziert und umdefiniert wird, können die Anderen in der Regel die vorgegebenen Standards kaum erreichen. Der Fremde wird also in der europäischen Moderne in die *räumliche* und *zeitliche* Ferne gerückt." (Rommelspacher 2002: 28)

Die autoritäre Schlagseite der „europäischen Aufklärung" bestand eben auch darin, dass sich an die aufklärerische Fortschrittserzählung ein missionarisches Sendungsbewusstsein anschloss, Zivilisation und Moderne mit Gewalt zu exportieren (vgl. Barth; Osterhammel 2005). Die geschichtsphilosophische Grundlage solcher Vorstellungen ist treffend als „säkularisierte Heilsgeschichte" (Löwith 1953) beschrieben worden. Dadurch wurde der Universalismus eurozentrisch verengt und mit rassistischer Differenz artikuliert (vgl. Wallerstein 2007).

Selbstverständlich gehen von der Aufklärung immer noch radikale Impulse aus, an die emanzipatorische Projekte auch heute noch anschließen können. Aber der „Aufklärungsfundamentalismus" blendet nicht nur die Widersprüche und Ausschlüsse der europäischen Aufklärung aus und unterschlägt, dass es in erster Linie die subalternen Klassen in den bürgerlichen Revolutionen waren, die für deren Radikalität verantwortlich sind (vgl. Linebaugh; Rediker 2008), sondern auch, dass es sich hierbei um ein *unabgeschlossenes* Projekt handelt. Das „Gespenst des Kommunismus" taucht gerade deshalb immer wieder auf, weil die in den Selbstradikalisierungspotentialen der Aufklärung angelegte Perspektive allgemeiner Emanzipation immer noch den nicht-eingelösten Horizont politischer Veränderung markiert (vgl. Balibar 1993a; Balibar 1993b; Derrida 1995; Lefort 1990).

Jene, die die Aufklärung wie ein Zepter vor sich hertragen und so tun, als handle es sich um etwas genuin europäisches, der westlichen Kultur und Geschichte inhärent, transformieren diese in eine starre „Grenzmarkierung zwischen ‚dem' Westen und ‚dem' Islam, zu einem Kampfbegriff, der beide Seiten antagonistisch und unvereinbar einander gegenüberstellt." (Rommelspacher 2010: 463) Der unter der Fahne der „Werte der Aufklärung" segelnde Rassismus behandelt sie als kulturellen Besitzstand, und trägt damit nicht zuletzt auch zur Entpolitisierung des unabgeschlossenen aufklärerischen Projekts universeller Emanzipation bei.

Antisemitismus und antimuslimischer Rassismus

Eine Stärke des Begriffs antimuslimischer Rassismus besteht auch darin, das Phänomen in Bezug zu anderen Artikulationsformen von Rassismus zu setzen. Beispielsweise hat Etienne Balibar in seiner Diskussion des antimigrantischen „Neo-Rassismus" den auf „Bevölkerungsgruppen ‚arabisch-islamischen' Ursprungs" zielenden Rassismus auf eine „*Verdichtung* oder Überlagerung des kolonialen und des antisemitischen Schemas" bezogen, „die einander wechselseitig durch die Vorstellungen von rassischer Überlegenheit und von kultureller und religiöser Rivalität verstärken" (Balibar 2000: 112, Hervorhebung im Original). Merkwürdigerweise spielt jedoch der Vergleich zu kolonialrassistischen Argumentationsfiguren in der gegenwärtigen Debatte kaum eine Rolle, während die Diskussion häufig auf die Vergleichbarkeit (und die Grenzen des Vergleichs) zwischen Antisemitismus und antimuslimischem Rassismus fokussiert. Deshalb hierzu einige Anmerkungen:

IV. Antimuslimischer Rassismus

Zum einen fällt die breite gesellschaftliche Anschlussfähigkeit des antimuslimischen Rassismus auf, der sich quer durch alle politischen Lager und sozialen Klassen zieht. Im Unterschied dazu sind antisemitische Aussagen im öffentlichen Diskurs – zumindest im deutschsprachigen Raum – stärker tabuisiert. Sicherlich trägt die öffentliche Sanktionierung des Antisemitismus oft auch dazu bei, dessen realen Verbreitungsgrad zu unterschätzen. Dennoch treffen antimuslimische Statements meist auf weit weniger heftigen öffentlichen Widerspruch. Diese Tatsache versucht auch eine modernisierte Rechte strategisch zu nutzen, indem zumindest im öffentlichen Auftreten antisemitische Aussagen vermieden werden, um stattdessen „mit Islamkritik zum Erfolg" (NPD) zu kommen. Während dies allerdings innerhalb der extremen Rechten, die freilich ihre antisemitische Grundeinstellung nie aufgegeben hat, durchaus zu internen Konflikten und Spannungen führt, spielt der Antisemitismus in rechtspopulistischen PRO-Bewegungen kaum eine Rolle.

Andererseits lassen sich in inhaltlicher Hinsicht sowohl Gemeinsamkeiten als auch Unterschiede zwischen Antisemitismus und antimuslimischem Rassismus ausmachen. Unabhängig von Gemeinsamkeiten von Antisemitismus und antimuslimischem Rassismus bleibt jedoch ein zentraler Punkt unberührt: Die Singularität der Shoah.

Die wichtigsten Punkte hat Yasemin Shooman (2012) zusammengestellt:

Erstens wurden MuslimInnen historisch gesehen vor allem als *äußerer Feind* wahrgenommen, während JüdInnen als paradigmatische *innere Andere* vorgestellt wurden: „Erst mit der postkolonialen Migration nach Westeuropa und der Anwerbung von ausländischen Arbeitskräften […] leben muslimische Minderheiten hier in größerer Zahl und haben die Position des ‚Anderen' im Inneren eingenommen." (Shooman 2012: 17) Folglich kommentierte Taguieff schon Anfang der 1990er Jahre: „Die nationalistisch-xenophobe Vision der nicht-assimilierbaren Araber, die im Begriff sind, Frankreich (oder das okzidentale Europa) durch eine ‚Immigrationsinvasion' zu erobern, beinhaltet zumal in ihren organisierten Formen erweiterte und rückübersetzte judeophobe Traditionen." (Taguieff 1998: 247f.)

Zweitens werden in der rassistischen Konstruktion von JüdInnen und MuslimInnen beide „sowohl in religiösen als auch in ethnischen Kategorien erfasst und einem transnationalen Kollektiv zugeordnet" (Shooman 2012: 18). In beiden Fällen wird *Otherness* unter Verweis auf religiöse Schriften modelliert. In Zitaten aus Tora und Talmud oder dem Koran offenbare sich „das eigentliche, essentielle und wahre Wesen aller Angehörigen beider Religionen [...]: Sie müssen sich danach im Sinne der angeblich unmoralischen Gebote in ihrer theologischen Grundlage ebenso unmoralisch in der Realität verhalten – und wären daher auch kollektiv ebenso unmoralisch einzuschätzen" (Pfahl-Traughber 2010: 617). Zugleich spielt der Topos der „kulturellen Fremdheit" in beiden Fällen eine tragende Rolle. Auffällige Analogien ergeben sich etwa im Vergleich der gegenwärtigen Auseinandersetzung um Moscheebauverbote und der Synagogendebatte um 1900.

Die Zuordnung zu einem transnationalen Kollektiv wiederum hat eine Diskussion darüber provoziert, inwiefern strukturelle Ähnlichkeiten bestehen zwischen der ideologischen Funktion, die der Antisemitismus im Nationalismus des 19. und frühen 20. Jahrhunderts spielte und der gegenwärtigen Konstruktion einer supranationalen europäischen Identität auf der Kontrastfolie des *muslimisch Anderen*. Während Matti Bunzl hier vor allem die Unterschiede herausstreicht, weil der Antisemitismus „dazu diente, die Reinheit des ethnischen Nationalstaats zu bewahren", im Unterschied zum antimuslimischen Rassismus, der „darauf angelegt [ist], die Zukunft der europäischen Zivilisation zu schützen" (Bunzl 2009: 47), stellt sich dennoch die Frage, ob die lange Geschichte des *europäischen* Antisemitismus nicht ebenso zu transnationalen Identitätskonstruktionen Europas beitrug.

Entscheidender ist jedenfalls der Unterschied, dass sich im antimuslimischen Rassismus Europa und der Westen explizit als *modern* imaginieren – in Abgrenzung zum traditionalistischen, vormodernen, mittelalterlichen Islam –, während der Antisemitismus des 19. Jahrhundert von einem anti-modernen Standpunkt aus argumentierte und die „Übel der Moderne" gerade an Juden und Jüdinnen dingfest zu machen versuchte, die „gleichermaßen als Vertreter des Kommunismus wie des Kapitalismus, des Feminismus und des Liberalismus" (Shooman 2012: 19) galten.

IV. Antimuslimischer Rassismus 123

Zudem operiert der Antisemitismus über verschwörungstheoretische Vorstellungen, in denen JüdInnen als besonders mächtig imaginiert werden. Besonders gilt dies für die immer noch wirkmächtige antisemitische Vorstellung von JüdInnen als „SpekulantInnen" und „RepräsentantInnen" des Finanzkapitals. Im Gegensatz dazu zielt der antimuslimische Rassismus zumeist „nach unten" und aktualisiert dabei oftmals ältere kolonialrassistische Topoi der Zivilisierungsmission. Allerdings sind auch im antimuslimischen Rassismus verschwörungstheoretische Versatzstücke präsent: Die Rede einer „islamischen Unterwanderung" Europas, die an allen Ecken islamistische „Schläfer" und „U-Boote" wittert, die Imagination des Kopftuchs als „Flagge des islamistischen Kreuzzugs" (Schwarzer 2002) oder die bereits erwähnte Unterstellung, bei muslimischen Bekenntnissen zu Demokratie und Menschenrechten handle es sich um Täuschungsmanöver, die durch die islamische Praxis der *taqiyya* sanktioniert seien (Giordano 2009).

Funktionsweisen des antimuslimischen Rassismus

Antimuslimischen Rassismus als Rassismus zu begreifen, bedeutet in erster Linie, dessen Funktionen[22] „im Prozess klassenspezifischer Vergesellschaftung" (Hund) herauszustellen. Besonders in Zeiten des Rückbaus sozialer Sicherungssysteme, verallgemeinerter Erfahrungen der Prekarität und der tendenziellen Aushöhlung der parlamentarischen Demokratie stellt der Rassismus – und gegenwärtig besonders der antimuslimische Rassismus – einen Modus der Stabilisierung herrschaftlicher gesellschaftlicher Verhältnisse und eine autoritäre „Bearbeitungsform" der Krise dar, indem er dazu beiträgt, „den Blick auf etwas Anderes innerhalb der Gesellschaft zu richten, Widersprüche in andere zu übersetzen" (Müller-Uri 2010; vgl. Elfferding 2000).

Durch die Demarkation des *muslimisch Anderen* und die Konstruktion gemeinsamer „Kultur und Werte" wird selbst denen noch ein Identifikationsangebot als *kollektives Wir* gemacht, die

---

22 Argumente oder Argumentationen, die auf gesellschaftliche Funktionen und Funktionsweisen verweisen, sollten nicht mit funktionalistischen Erklärungen verwechselt werden, die beispielsweise Rassismus als direkte Folge der funktionalen Erfordernisse kapitalistischer Verhältnisse reduzieren wollen (vgl. Shaw 1999).

sonst als „sozialer Bodensatz" der Gesellschaft gelten oder als „gefährliche Klassen" dem ordnungspolitischen Zugriff des Staates unterworfen werden. Die eingangs erwähnte Identitätssuppen-Aktion der französischen extremen Rechten, die noch die „eigenen" Obdachlosen in die Konstruktion *europäischer Identität* integriert, nach außen aber die Grenze gegenüber MuslimInnen zieht, spricht hier Bände. Zugleich können die durch krisenhafte gesellschaftliche Transformationsprozesse induzierten sozialen Verwerfungen auf das Terrain des „Kulturkonflikts" verlagert und damit politischer Bearbeitung entzogen werden. Besonders in Zeiten konstatierter „Post-Politik" und „Postdemokratie", in der Demokratie zunehmend auf technokratische Verwaltung reduziert wird und grundsätzliche gesellschaftliche Alternativen gar nicht mehr Gegenstand der politischen Auseinandersetzung sind, können kulturalisierende Dynamiken besonders greifen (vgl. Crouch 2008; Žižek 2001: 274). Eine solche Technokratisierung der Politik befördert oft auch autoritäre Rufe nach „law and order", die in autoritären Krisenbearbeitungsstrategien aufgegriffen werden können.

Dabei laufen im antimuslimischen Rassismus die Interessenslagen unterschiedlicher Klassen in einer fragilen Allianz zusammen. Für die subalternen Klassen bietet der antimuslimische Rassismus eine Möglichkeit, Erfahrungen der Prekarisierung „in gemeinsame Gewissheiten über die kulturelle Andersartigkeit von MuslimInnen" umzuarbeiten. Dadurch „können [sie] sich nicht nur gewiss sein, dass sie ja ‚nicht gemeint' sind, sondern zudem, dass die Politik als direkte Verteidigerin des ihnen ‚zustehenden' gesellschaftlichen Reichtums auftritt" (Gruppe Soziale Kämpfe 2010). Tatsächlich übersetzt sich ein solches „rassistisches symbolisches Kapital" (Weiß 2001) durchaus in reale materielle Vorteile – etwa wenn bei der Wohnungssuche oder in der Konkurrenz um Arbeitsplätze „Menschen ohne Migrationshintergrund" bevorzugt werden –, während zugleich populare Zustimmung zum Ausbau staatlicher Überwachungs-, Kontroll- und Disziplinierungsmaßnahmen mobilisiert werden kann, die unter Verweis auf die Gefahr des „islamischen Terror" durchgesetzt wurden.

Für die Mittelklassen wiederum hilft der antimuslimische Rassismus die eigene gesellschaftliche Position in Krisenzeiten abzusichern. „Das häufig genannte Beispiel, dass das Kopftuch niemanden stört, solange es von Putzfrauen getragen wird, aber zum ‚Problem' avanciert, wenn eine Ärztin, Anwältin oder Lehrerin es tragen will, kann uns als Hinweis darauf dienen, dass hier gesellschaftliche Zugangschancen (mit-)verhandelt werden." (Wagner 2010: 16) Wie oben bereits ausgeführt wurde, kann die Debatte um Kopftuch und Frauenemanzipation auch vor dem Hintergrund des Aufstiegs einer weiblichen Mittelklasse auf dem Rücken weiblicher migrantischer Lohnarbeit gelesen werden. Solange „MigrantInnen" die prekären Jobs im Niedriglohnsektor erledigten, gab es kein Problem. Erst als die „Kämpfe der Migration" gesellschaftliche Partizipationsrechte einforderten und sich soziale Aufstiegschancen eröffneten, wurde die „Konkurrenz" in rassistischen Begriffen modelliert (ebd.).

Gekreuzt wird dieser Rassismus von klassenrassistischen Argumentationsfiguren aus dem neoliberalen Nützlichkeitsdiskurs, der sich gegen all jene richtet, die von „sozialstaatlicher Versorgung" ausgeschlossen werden sollen, weil sie ohnehin unproduktiv seien (Erwerbslose, SozialhilfeempfängerInnen usw.).[23]

Die staatliche Migrations- und Sozialpolitik kann diese Figuren aufgreifen und in der Bearbeitung der Krise einspannen. Die

---

23 Balibar hat schon in den frühen 1990er Jahren die Frage aufgeworfen, ob „die gegenwärtigen Varianten des Neorassismus nur eine ideologische Übergangsformation bilden, der es bestimmt ist, sich in Richtung auf soziale Diskurse und Techniken weiterzuentwickeln, in denen die Dimension der historischen Erzählung genealogischer Mythen (und damit die Substitutionsverhältnisse von Rasse, Volk, Kultur und Nation) relativ zurücktritt gegenüber der Dimension psychologischer Bewertungen intellektueller Fähigkeiten und der ‚Disposition' zu einem ‚normalen' gesellschaftlichen Leben (oder umgekehrt zu Kriminalität und Abweichung), sowie zu einer (in gefühlsmäßiger ebenso wie in gesundheitlicher oder eugenischer usw. Hinsicht) ‚optimalen' Reproduktion" (Balibar 1992a: 35). Im Kontext der Sarrazindebatte hat Elke Kohlmann die ähnliche Frage aufgeworfen, ob die gegenwärtige neoliberale Gouvernementalität auf einen neuen biopolitischen Rassismus deutet, „der die ‚Anderen' nicht primär durch die Konstruktion biologischer oder kultureller Unterschiede rassifiziert, sondern durch ökonomische, die sich ausdrücken in der Positionierung und Hierarchisierung der Individuen als Humankapital" (Kohlmann 2011: 163).

rassistische Rede der „Abgehängten" ermöglicht die Konstruktion einer „Gemeinschaft der Fleißigen" und verschiebt über die Rede von „Sozialstaatsmissbrauch" die Krisenursachen auf die „sozial Schwachen". Parallel dazu können über antimigrantischen und antimuslimischen Rassismus dennoch auch diese „eigenen Unterklassen" noch identitär integriert werden, indem soziale Problemlagen unter Verweis auf die „Integrationsverweigerung" der „MigrantInnen" kulturalisiert werden. Diese Doppelbewegung – die Abgrenzung „nach außen" und „nach unten" stellt, wie erläutert, ein zentrales Charakteristikum des Rassismus in der kapitalistischen Moderne dar.

Am diskursiven Feld, das durch diese Verklammerung von ökonomischem Nützlichkeitsdiskurs und kulturalistischer Migrations- und Integrationsdebatte aufgespannt wird, können die jeweiligen Strategien unterschiedlicher Kapitalfraktionen akkordiert und die Dialektik von Inklusion und Exklusion politisch flexibel adjustiert werden. Sie erlaubt einerseits, zwischen „unerwünschter Migration" und der „erwünschten" Anwerbung „hochqualifizierter", „integrierbarer" Arbeitskräfte aus dem Ausland zu unterscheiden, und gleichzeitig soziale Konflikte in „Probleme" der „Integrations- und Leistungsverweigerung" in migrantischen Parallelgesellschaften kulturalistisch zu übersetzen, während in keiner europäische Metropole, die etwas auf sich hält, ein gentrifiziertes „Migrantenviertel" und die Vermarktung von *diversity* fehlen darf.

Überhaupt scheinen gegenwärtig kulturalistische Integrationspolitiken durch den Slogan der „Integration durch Leistung" ergänzt zu werden (vgl. Friedrich 2011). Deutlich wird das vor allem in der Figur der „unternehmerischen MigrantIn", die parallel zum neoliberalen Subjekt des „unternehmerischen Selbst" die eigenen Humanressourcen zu verwerten versteht. So verlautbarte der damalige österreichische Staatssekretär für Integration Sebastian Kurz: „Integration funktioniert durch Leistung. Nicht die Herkunft oder die Religionszugehörigkeit eines Menschen sind entscheidend, sondern der Charakter und die Bereitschaft, sich im Berufs- und Gesellschaftsleben anzustrengen und dadurch Anerkennung zu erlangen." (Kurz 2011) Im Umkehrschluss wird dadurch die „soziale Lage von Teilen von Migrant_innen […] auf individuelles Versagen zurückgeführt und rassistische Muster mit klassistischen Deutungen gestützt. Es wird postuliert: Würden sich alle Migrant_innen so wie die ‚Musterbeispiele' anstrengen, gäbe es keine Probleme mehr" (Friedrich 2011: 26).

Zugleich wird auch diese individualisierte Problemdiagnose mit rassistischer Kulturalisierung verknüpft, indem Leistungs*unwilligkeit* auf kulturelle Leistungs*unfähigkeit* rückgeführt wird. In diesem Kontext kommt nun der rassistischen Konstruktion des *muslimisch Anderen*, das durch die kulturalistische Markierung als traditionalistisch, vormodern und anti-individualistisch zugleich als Symbol der Nicht-Anpassung und Nicht-Unterwerfung unter den Imperativ der eigenverantwortlichen Vermarktung des „unternehmerischen Selbst" gilt, eine besondere Bedeutung zu. In der Figur „des Muslims" konzentrieren sich die Ökonomisierung wie Kulturalisierung des Sozialen. Insofern sollte antimuslimischer Rassismus als zentrale Dimension der hegemonialen Struktur westlicher Gesellschaften begriffen werden, woraus sich auch entscheidende Konsequenzen für antirassistische Gegenstrategien ergeben.

Stopp!

Ausgangspunkt dieses Buches war die Feststellung der gesellschaftlich breiten Anschlussfähigkeit antimuslimischer Bilder und Denkfiguren, wie auch die Diagnose theoretischer Lücken der wissenschaftlichen Debatte sowie politischer Unklarheiten der antirassistischen Bewegung. Davon ausgehend zielte die einführende Abhandlung darauf ab, auf Grundlage der internationalen kritischen Rassismusforschung eine theoretisch adäquate Konzeptualisierung von antimuslimischem Rassismus vorzustellen. Dafür war es auch notwendig einige der Engführungen der deutschsprachigen rassismustheoretischen Debatte aufzubrechen, um die Stärken eines weiten Rassismusverständnisses herauszustellen – ein sehr motiviertes Unternehmen, keine Frage. Denn im Laufe der Beschäftigung mit dem eigentlich vergleichsweise kleinen Forschungsgebiet wurde immer deutlicher, dass große spannende Fragen nur kurz ausgeführt werden konnten, weil es zunächst um die Klärung rassismustheoretischer Grundlagen gehen musste. Es wäre wichtig im Rahmen weiterführender Forschungen einige relevante Themenfelder zu vertiefen: Das betrifft etwa die Frage der Übersetzbarkeit der postkolonialen Theorie auf den deutschsprachigen Kontext sowie die historische Aufarbeitung der Geschichte des Rassismus vor allem vor dem 18. Jahrhundert oder die gesellschaftstheoretisch herausfordernde Fragestellung der Verschränkung rassistischer und vergeschlechtlichter Ungleichheitsverhältnisse oder antirassistischer Allianzen in einer global gedachten Moderne, wie auch die Konvergenzen der gegenwärtigen Konjunktur des antimuslimischen Rassismus mit postdemokratischen Tendenzen.

Deutlich herausgearbeitet wurde jedenfalls warum und in welchem Sinn antimuslimischer Rassismus als Rassismus zu verstehen ist. Der Einsatz dieses Arguments ist indes nicht alleine ein wissenschaftlicher, sondern auch ein politisch praktischer. Anders als andere Begrifflichkeiten wie „Islamfeindlichkeit" oder „Islamo-

Stopp!

phobie" ermöglicht ein rassismustheoretischer Zugang auch den Zusammenhang von antimuslimischem Rassismus mit ökonomischen Nützlichkeitsdiskursen, autoritären Krisenbearbeitungsstrategien und Prekarisierungsdynamiken zu thematisieren. Die zentrale Herausforderung für antirassistische Bewegungen besteht folglich darin, Kämpfe gegen rassistische Exklusion und für soziale Rechte zusammenzuführen. Solche Bündnisse und Allianzen ergeben sich nicht von selbst, sondern müssen *politisch* hergestellt werden – und das geht wohl nicht ohne Spannungen, Friktionen und Konflikte. Schließlich können Interessen, Ziele, Strategien und Taktiken nicht aus der „objektiven" gesellschaftlichen Positioniertheit der Betroffenen abgeleitet werden. Darin liegt die Schwierigkeit, aber auch die Stärke eines „politischen Antirassismus" – im Unterschied zum „moralischen Antirassismus", der verpufft, sobald der „Empörung" Luft gemacht wurde. Ebenso enge Grenzen sind antirassistischen Strategien gesetzt, die Rassismus auf individuelle Einstellungen, Vorurteile und Ängste reduzieren, der mit Aufklärung zu begegnen sei. Solche Ansätze rufen dann schnell auch den Staat als „antirassistischen Akteur" zu Hilfe.

Im Fall des antimuslimischen Rassismus ist es besonders wichtig, die Falle der „Islamisierung der Debatten" als solche zu erkennen. Wer sich auf das Terrain der Koranexegese bewegt, und den Islam*kritikerInnen* mit anderen Koranversen kontert, hat bereits verloren. Wie Stuart Hall allgemein angemerkt hat, laufen Strategien, die negative Bilder durch positive zu ersetzen versuchen, ins Leere, da „die Gegensätze bestehen bleiben" (Hall 2004: 163). Es geht nicht „um *falsche* Bilder, die durch *richtige* ersetzt werden müssen, sondern um ein Beziehungsgefüge, das hierarchisch geordnet ist, um ein Machtverhältnis, das rassistischen Interessen verpflichtet ist" (Attia 1994: 221).

In dieser Arbeit wurde Rassismus konsequent als gesellschaftliches Verhältnis analysiert. Somit zielt auch antirassistische Politik auf die grundlegende Transformation der bestehenden herrschenden Verhältnisse. Während für den bürgerlichen Antirassismus ohnehin die „Vorstellung einer diskriminierungs- und gewaltfreien modernen Gesellschaft nie realistisch" (Heitmeyer 2003: 13) gewesen ist, verstehe ich Antirassismus als Teil eines weiter gefassten Kampfs für eine befreite Gesellschaft.

Literatur

Adorno, Theodor W. (2003) [1955]: Schuld und Abwehr. Eine qualitative Analyse zum Gruppenexperiment. In: Ders.: Gesammelte Schriften. Bd. 9.2 (Soziologische Schriften II.2). Frankfurt: Suhrkamp, 121-324.

Ahmad, Aijaz (1992): *Orientalism* and After: Ambivalence and Metropolitan Location in the Work of Edward Said. In: Ders.: In Theory. Classes, Nations, Literatures. London, New York: Verso, 159-220.

Allen, Chris (2010): Islamophobia. Farnham, Burlington: Ashgate.

Amir-Moazami, Schirin (2007): Politisierte Religion. Der Kopftuchstreit in Deutschland und Frankreich. Bielefeld: transcript.

Apitzsch, Ursula (2000): Antonio Gramsci und die Diskussion um Multikulturalismus. In: Räthzel, Nora (Hg.in): Theorien über Rassismus. Hamburg: Argument, 224-234.

Appiah, Kwame Anthony (1990): Racisms. In: Goldberg, David Theo (Hg.): Anatomy of Racism. Minneapolis, London: University of Minnesota Press, 3-17.

Arendt, Hannah (2000) [1970]: Macht und Gewalt. München, Zürich: Piper.

Attia, Iman (1994): Antiislamischer Rassismus. Stereotype – Erfahrungen – Machtverhältnisse. In: Jäger, Siegfried (Hg.): Aus der Werkstatt: Anti-rassistische Praxen. Konzepte – Erfahrungen – Forschung. Duisburg: DISS, 210-228.

Attia, Iman (2007): Kulturrassismus und Gesellschaftskritik. In: Dies. (Hg.in): Orient- und IslamBilder. Interdisziplinäre Beiträge zu Orientalismus und antimuslimischem Rassismus. Münster: Unrast, 5-28.

Attia, Iman (2009): Die „westliche Kultur" und ihr Anderes. Zur Dekonstruktion von Orientalismus und antimuslimischem Rassismus. Bielefeld: transcript.

Balibar, Etienne (1992a): Gibt es einen „Neo-Rassismus"? In: Ders.; Wallerstein, Immanuel: Rasse, Klasse, Nation. Ambivalente Identitäten. Hamburg, Berlin: Argument, 23-38.

Balibar, Etienne (1992b): Rassismus und Nationalismus. In: Ders.; Wallerstein, Immanuel: Rasse, Klasse, Nation. Ambivalente Identitäten. Hamburg, Berlin: Argument, 49-84.

Balibar, Etienne (1992c): Die Nation-Form: Geschichte und Ideologie. In: Ders.; Wallerstein, Immanuel: Rasse, Klasse, Nation. Ambivalente Identitäten. Hamburg, Berlin: Argument, 107-130.

Balibar, Etienne (1992d): Der „Klassen-Rassismus". In: Ders.; Wallerstein, Immanuel: Rasse, Klasse, Nation. Ambivalente Identitäten. Hamburg, Berlin: Argument, 247-260.

Balibar, Etienne (1992e): Vorwort. In: Ders.; Wallerstein, Immanuel: Rasse, Klasse, Nation. Ambivalente Identitäten. Hamburg, Berlin: Argument, 5-20.

Balibar, Etienne (1993a): „Menschenrechte" und „Bürgerrechte". Zur modernen Dialektik von Freiheit und Gleichheit. In: Ders.: Die Grenzen der Demokratie. Hamburg: Argument, 99-123.

Balibar, Etienne (1993b): Was ist eine Politik der Menschenrechte? In: Ders.: Die Grenzen der Demokratie. Hamburg: Argument, 195-220.

Balibar, Etienne (2000): „Es gibt keinen Staat in Europa". In: Räthzel, Nora (Hg.^{in}): Theorien über Rassismus. Hamburg: Argument, 104-120.

Balibar, Etienne (2005): Difference, Otherness, Exclusion. In: parallax 11:1, 19-34.

Barker, Martin (1981): The New Racism. Conservatives and the Ideology of the Tribe. London: Junction Books.

Barth, Boris; Osterhammel, Jürgen (Hg.) (2005): Zivilisierungsmissionen. Imperiale Weltverbesserung seit dem 18. Jahrhundert. Konstanz: Universitätsverlag Konstanz UVK.

Batur, Kamile; Wolski, Baruch (2008): „Islam als Projektionsfläche". In: Perspektiven. Magazin für linke Theorie und Praxis 4, 4-7.

Bauböck, Rainer; Perchinig, Bernhard (2006): Migrations- und Integrationspolitik. In: Dachs, Herbert et al. (Hg.): Politik in Österreich. Das Handbuch. Wien: Manz, 726-742.

Bauman, Zygmunt (1989): Modernity and the Holocaust. Ithaca, New York: Cornell University Press.

Bayoumi, Moustafa (2006): Racing Religion. In: The New Centennial Review 6:2, 267-293.

Beck-Gernsheim, Elisabeth (2007): Wir und die Anderen: Kopftuch, Zwangsheirat und andere Mißverständnisse. Frankfurt: Suhrkamp.

Bekenntnis zur freiheitlichen demokratischen Grundordnung nach dem Staatsangehörigkeitsgesetz (StAG) 2005. Online unter: http://www.welt.de/print-welt/article188598/Fragen-an-einbuergerungswillige-Muslime-in-Baden-Wuerttemberg.html#glf (Letzter Zugriff März 2013)

Benz, Wolfgang (2010): Antisemitismusforschung als akademisches Fach und öffentliche Aufgabe. In: Jahrbuch für Antisemitismusforschung 19, 17-32.

Berghahn, Sabine; Rostock, Petra (Hg.) (2009): Der Stoff aus dem Konflikte sind. Debatten um das Kopftuch in Deutschland, Österreich und der Schweiz. Bielefeld: transcript.

Berman, Nina (2007): Historische Phasen orientalisierender Diskurse in Deutschland. In: Attia, Iman (Hg.^{in}): Orient- und IslamBilder. Interdisziplinäre Beiträge zu Orientalismus und antimuslimischem Rassismus. Münster: Unrast, 71-84.

Bielefeld, Ulrich (1998): Einleitung. In: Ders. (Hg.): Das Eigene und das Fremde. Neuer Rassismus in der Alten Welt? Hamburg: Hamburger Edition, 9-19.

Birkner, Martin (2004): „Autonomie der Migration" vs. „Imperialer Rassismus". Zur Nicht-Dialektik von Migration und Rassismus in Hardt/Negri's Buch „Empire". In: Grundrisse. Zeitschrift für linke Theorie & Debatte 12, 37-50.

BNP: http://news.bbc.co.uk/2/hi/8639097.stm (letzter Zugriff März 2013)

Böcker, Anna (2011): Integration. In: Arndt, Susan; Ofuatey-Alazard (Hg.^{innen}): Wie Rassismus aus Wörtern spricht. (K)Erben des Kolonialismus im Wissensarchiv deutsche Sprache. Ein kritisches Nachschlagewerk. Münster: Unrast, 347-364.

Bojadžijev, Manuela (2008): Die windige Internationale. Rassismus und Kämpfe der Migration. Münster: Westfälisches Dampfboot.

Bracke, Sarah (2012): From „saving women" to „saving gays": Rescue narratives and their dis/continuities. In: European Journal of Women's Studies 19:2, 237-252.

Bratić, Ljubomir (2003): Diskurs und Ideologie des Rassismus im österreichischen Staat. In: Kurswechsel 2/2003, 37-48.

Bühl, Achim (2010): Islamfeindlichkeit in Deutschland. Ursprünge, Akteure, Stereotype. Hamburg: VSA.

Bunzl, John; Hafez, Farid (2009): Vorwort. In: Dies. (Hg.): Islamophobie in Österreich. Innsbruck, Wien, Bozen: Studienverlag, 7-12.

Bunzl, Matti (2009): Zwischen Antisemitismus und Islamophobie: Überlegungen zum neuen Europa. In: Bunzl, John; Hafez, Farid (Hg.): Islamophobie in Österreich. Innsbruck, Wien, Bozen: Studienverlag, 34-49.

Castro Varela, María do Mar; Dhawan, Nikita (2005): Postkoloniale Theorie. Eine kritische Einführung. Bielefeld: transcript.

Castro Varela, María do Mar; Dhawan, Nikita (2007): Orientalismus und postkoloniale Theorie. In: Attia, Iman (Hg.^{in}): Orient- und IslamBilder. Interdisziplinäre Beiträge zu Orientalismus und antimuslimischem Rassismus. Münster: Unrast, 31-44.

Castro Varela, María do Mar; Mecheril, Paul (2011): Migration. In: Arndt, Susan; Ofuatey-Alazard, Nadja (Hg.^{innen}): Wie Rassismus aus Wörtern spricht. (K)Erben des Kolonialismus im Wissensarchiv deutsche Sprache. Ein kritisches Nachschlagewerk. Münster: Unrast, 154-176.

Cohen, Philip (1990): Gefährliche Erbschaften. Studien zur Entstehung einer multirassistischen Kultur in Großbritannien. In: Kalpaka, Annita; Räthzel, Nora (Hg.^{innen}): Die Schwierigkeit, nicht rassistisch zu sein. Leer: Mundo, 81-143.

Conrad, Sebastian (2004): „Eingeborenenpolitik" in Kolonie und Metropole. „Erziehung zur Arbeit" in Ostafrika und Ostwestfalen. In: Conrad, Sebastian; Osterhammel, Jürgen (Hg.): Das Kaiserreich transnational. Deutschland in der Welt 1871-1914. Göttingen: Vandenhoeck & Ruprecht, 107-128.
Conze, Werner; Sommer, Antje (1984): Rasse. In: Brunner, Otto; Conze, Werner; Koselleck, Reinhart (Hg.): Geschichtliche Grundbegriffe. Historisches Lexikon zur politisch-sozialen Sprache in Deutschland. Bd. 5. Stuttgart: Klett-Cotta, 135-178.
Crouch, Colin (2008): Postdemokratie. Frankfurt: Suhrkamp Verlag.
Davidson, Neil (1999): The trouble with „ethnicity". In: International Socialism 84, 3-30.
Demirović, Alex; Bojadžijev, Manuela (Hg.^{innen}) (2002): Konjunkturen des Rassismus. Münster: Westfälisches Dampfboot.
Derrida, Jacques (1995): Marx' Gespenster. Der verschuldete Staat, die Trauerarbeit und die neue Internationale. Frankfurt: Fischer.
Dietrich, Anette (2007): Weiße Weiblichkeiten. Konstruktionen von „Rasse" und Geschlecht im deutschen Kolonialismus. Bielefeld: transcript.
Dietze, Gabriele (2009): Okzidentalismuskritik. Möglichkeiten und Grenzen einer Forschungsperspektivierung. In: Dies.; Brunner, Claudia; Wenzel, Edith (Hg.^{innen}): Kritik des Okzidentalismus. Transdisziplinäre Beiträge zu (Neo-)Orientalismus und Geschlecht. Bielefeld: transcript, 23-54.
Duggan, Lisa (2003): The Twilight of Equality? Neoliberalism, Cultural Politics, and the Attack on Democracy. Boston: Beacon Press.
Eickhof, Ilka (2010): Antimuslimischer Rassismus in Deutschland. Theoretische Überlegungen. Berlin: Wissenschaftlicher Verlag Berlin.
Elfferding, Wieland (2000): Funktion und Struktur des Rassismus. In: Räthzel, Nora (Hg.^{in}): Theorien über Rassismus. Hamburg: Argument, 43-54.
El-Tayeb, Fatima (2012): „Gays who cannot properly be gay": Queer Muslims in the neoliberal European city. In: European Journal of Women's Studies 19:1, 79-95.
Emcke, Carolin (2010a): Der verdoppelte Haß der modernen Islamfeindlichkeit. In: Heitmeyer, Wilhelm (Hg.): Deutsche Zustände. Folge 9. Berlin: Suhrkamp, 214-223.
Emcke, Carolin (2010b): Liberaler Rassismus. Online unter: http://www.zeit.de/2010/09/Rassismus (Letzter Zugriff März 2013)
Essed, Philomena (2000): Multikulturalismus und kultureller Rassismus in den Niederlanden. In: Räthzel, Nora (Hg.^{in}): Theorien über Rassismus. Hamburg: Argument, 264-277.
Fabian, Johannes (1983): Time and the Other. How Anthropology Makes Its Object. New York: Columbia University Press.
Fanon, Frantz (1972) [1956]: Rassismus und Kultur. In: Ders.: Für eine afrikanische Revolution. Politische Schriften. Frankfurt: März, 38-52.

Flatz, Christian; Gärtner, Reinhold (1998): Kultur statt „Rasse". Analyse einer Bedeutungsverschiebung. In: Flatz, Christian; Riedmann, Sylvia; Kröll, Michael (Hg.^{innen}): Rassismus im virtuellen Raum. Hamburg: Argument 1998, 219-239.

FPÖ: Daham statt Islam. Online unter: http://www.focus.de/politik/ausland/tid-34124/russland-den-russen-und-franzosen-zuerst-europa-zwischen-rechtspopulistisch-und-rechtsextrem-daham-statt-islam-die-fpoe-in-oesterreich_aid_1130870.html (letzter Zugriff Jänner 2014)

Fredrickson, George M. (2011): Rassismus. Ein historischer Abriß. Stuttgart: Reclam.

Friedrich, Sebastian (2011): Rassismus in der Leistungsgesellschaft. Einleitung. In: Ders. (Hg.): Rassismus in der Leistungsgesellschaft. Analysen und kritische Perspektiven zu den rassistischen Normalisierungsprozessen der „Sarrazindebatte". Münster: edition assemblage, 8-38.

Fürtig, Henner (2002): Islam, Islamismus und Terrorismus. In: UTOPIEkreativ. Diskussion sozialistischer Alternativen 135, 19-29.

Ganßloser, Dagmar (1992): „Wir riefen Arbeitskräfte, es kamen Menschen". Migrationspolitik und verschärftes Ausländergesetz in der BRD. In: Redaktion diskus (Hg.): Die freundliche Zivilgesellschaft. Rassismus und Nationalismus in Deutschland. Berlin, Amsterdam: Edition ID-Archiv, 45-52.

Geiss, Immanuel (1988): Geschichte des Rassismus. Frankfurt: Suhrkamp.

Geiss, Immanuel (1995): Rassismus. In: Fischer, Gero; Wölflingseder, Maria (Hg.^{innen}): Biologismus, Rassismus, Nationalismus. Rechte Ideologien im Vormarsch. Wien: Promedia.

Gerholm, Tomas; Lithman, Yngve Georg (1988): The New Islamic Presence in Western Europe. London: Mansell.

Gingrich, Andre (2006): Kulturgeschichte, Wissenschaft und Orientalismus. Zur Diskussion des „frontier orientalism" in der Spätzeit der k.u.k. Monarchie. In: Feichtinger, Johannes et al. (Hg.^{innen}): Schauplatz Kultur – Zentraleuropa. Transdisziplinäre Annäherungen. Innsbruck, Wien, Bozen: Studienverlag, 279-288.

Giordano, Ralph (2009): „Auschwitz-Lüge" auf Türkisch. Online unter: http://www.focus.de/politik/cicero-exklusiv/tid-7505/cicero-exklusiv_aid_133895.html (letzter Zugriff März 2013)

Gruppe Soziale Kämpfe (2010): Die Kulturalisierung von Ungleichheit. In: Kulturrisse. Zeitschrift für radikaldemokratische Kulturpolitik 4/2010. Online unter: http://kulturrisse.at/ausgaben/042010/oppositionen/die-kulturalisierung-von-ungleichheit (Letzter Zugriff März 2013)

Guillaumin, Colette (1995): Racism, Sexism, Power and Ideology. London: Routledge.

Hafez, Farid (2010): Anstelle eines Vorworts. In: Ders. (Hg.): Jahrbuch für Islamophobieforschung 2010. Deutschland – Österreich – Schweiz. Innsbruck, Wien, Bozen: StudienVerlag, 7-22.

Hafez, Kai (2010): Mediengesellschaft – Wissensgesellschaft? Gesellschaftliche Entstehungsbedingungen des Islambildes deutscher Medien. In: Schneiders, Thorsten Gerald (Hg.): Islamfeindlichkeit. Wenn die Grenzen der Kritik verschwimmen. Zweite, aktualisierte und erweiterte Auflage. Wiesbaden: VS Verlag, 101-119.

Hall, Stuart (1989a) [1986]: Gramscis Erneuerung des Marxismus und ihre Bedeutung für die Erforschung von „Rasse" und Ethnizität. In: Ders.: Ideologie, Kultur, Medien, Neue Rechte, Rassismus. Ausgewählte Schriften. Bd. 1. Hamburg, Berlin: Argument, 56-91.

Hall, Stuart (1989b): Die Konstruktion von „Rasse" in den Medien. In: Ders.: Ideologie, Kultur, Medien, Neue Rechte, Rassismus. Ausgewählte Schriften. Bd. 1. Hamburg, Berlin: Argument, 150-171.

Hall, Stuart (1994): „Rasse", Artikulation und Gesellschaft mit struktureller Dominante. In: Ders.: Rassismus und kulturelle Identität. Ausgewählte Schriften Bd. 2. Hamburg: Argument, 89-136.

Hall, Stuart (2000): Rassismus als ideologischer Diskurs. In: Räthzel, Nora (Hg.^{in}): Theorien über Rassismus. Hamburg: Argument, 7-16.

Hall, Stuart (2004): Das Spektakel des „Anderen". In: Ders.: Ideologie, Identität, Repräsentation. Ausgewählte Schriften Bd. 4. Hamburg: Argument, 108-166.

Halliday, Fred (1999): „Islamophobia" reconsidered. In: Ethnic and Racial Studies 22:5, 892-902.

Halm, Dirk (2008): Islam als Diskursfeld. Bilder des Islams in Deutschland. Zweite Auflage. Wiesbaden: VS Verlag.

Haritaworn, Jin (2008): Loyal Repetitions of the Nation: Gay Assimilation and the War on Terror. Online unter: http://www.darkmatter101.org/site/2008/05/02/loyal-repetitions-of-the-nation-gay-assimilation-and-the-war-on-terror/ (Letzter Zugriff März 2013)

Haritaworn, Jin; Tauqir, Tamsila; Erdem, Esra (2007): Queer-Imperialismus: Eine Intervention in die Debatte um „muslimische Homophobie". In: Ha, Kien Nghi; Lauré al-Samarai, Nicola; Mysorekar, Sheila (Hg.^{innen}): re/visionen. Postkoloniale Perspektiven von People of Color auf Rassismus, Kulturpolitik und Widerstand in Deutschland. Münster: Unrast, 187-205.

Haug, Wolfgang Fritz (2000): Zur Dialektik des Anti-Rassismus. In: Räthzel, Nora (Hg.^{in}): Theorien des Rassismus: Hamburg: Argument, 74-103.

Heitmeyer, Wilhelm (2003): Gruppenbezogene Menschenfeindlichkeit. Die theoretische Konzeption und empirische Ergebnisse aus 2002 und 2003. In: Ders. (Hg.): Deutsche Zustände. Folge 2. Frankfurt: Suhrkamp, 13-32.

Heitmeyer, Wilhelm (2007): Gruppenbezogene Menschenfeindlichkeit. Ein normaler Dauerzustand? In: Ders. (Hg.): Deutsche Zustände. Folge 5. Frankfurt: Suhrkamp, 15-36.

Heitmeyer, Wilhelm (2012): Gruppenbezogene Menschenfeindlichkeit (GMF) in einem entsicherten Jahrzehnt. In: Ders. (Hg.): Deutsche Zustände. Folge 10. Berlin: Suhrkamp, 15-41.
Helbling, Marc (Hg.) (2012): Islamophobia in the West. Measuring and Explaining Individual Attitudes. London, New York: Routledge.
Hess, Sabine; Moser, Johannes (2009): Jenseits der Integration. Kulturwissenschaftliche Betrachtungen einer Debatte. In: Hess, Sabine; Binder, Jana; Moser, Johannes (Hg.^innen): No integration?! Kulturwissenschaftliche Beiträge zur Integrationsdebatte in Europa. Bielefeld: transcript, 11-25.
Hinna, Wolf; Küpper, Beate; Zick, Andreas (2010): Wie feindselig ist Europa? Ausmaße von Gruppenbezogener Menschenfeindlichkeit in acht Ländern. In: Heitmeyer, Wilhelm (Hg.): Deutsche Zustände. Folge 9. Berlin: Suhrkamp, 39-60.
Höfert, Almut (2007): Das Gesetz des Teufels und Europas Spiegel. Das christlich-westeuropäische Islambild im Mittelalter und in der Frühen Neuzeit. In: Attia, Iman (Hg.^in): Orient- und IslamBilder. Interdisziplinäre Beiträge zu Orientalismus und antimuslimischem Rassismus. Münster: Unrast, 85-110.
hooks, bell (2000): where we stand: class matters. New York: Routledge.
Hund, Wulf D. (1999): Die Farbe der Schwarzen. Über die Konstruktion von Menschenrassen. In: Ders.: Rassismus. Die soziale Konstruktion natürlicher Ungleichheit. Münster: Westfälisches Dampfboot, 15-38.
Hund, Wulf D. (2005): Vergesellschaftung durch Entmenschlichung. Perspektiven der historischen Rassismusforschung. In: Z. Zeitschrift marxistische Erneuerung 63, 157-169.
Hund, Wulf D. (2006): Negative Vergesellschaftung. Dimensionen der Rassismusanalyse. Münster: Westfälisches Dampfboot.
Hund, Wulf D. (2007): Rassismus. Bielefeld: transcript.
Hund, Wulf D. (2008): Rezension von: Ali Rattansi: Racism. A Very Short Introduction. In: Archiv für Sozialgeschichte 48, 755-759. [„Rassisierung" / „racialization". Anmerkungen zu Ali Rattansi. Online unter: http://www.wulfdhund.de/rassismusanalyse/?Ergaenzungen:Racialization (Letzter Zugriff März 2013)
Hund, Wulf D. (2010): Rassismus. In: Sandkühler, Hans Jörg (Hg.): Enzyklopädie Philosophie. 2. erw. Auflage. 3 Bde. Hamburg: Felix Meiner, Bd. 3, 2191-2200.
Huntington, Samuel P. (1993): The Clash of Civilizations? In: Foreign Affairs 72:3, 22-49.
Huntington, Samuel P. (1998): Kampf der Kulturen. Die Neugestaltung der Weltpolitik im 21. Jahrhundert. München: Siedler.
Jäger, Margarete (1996): Fatale Effekte: Die Kritik am Patriarchat im Einwanderungsdiskurs. Duisburg: DISS.

Jäger, Siegfried (2010): Pressefreiheit und Rassismus. Der Karikaturenstreit in der deutschen Presse. In: Schneiders, Thorsten Gerald (Hg.): Islamfeindlichkeit. Wenn die Grenzen der Kritik verschwimmen. Zweite, aktualisierte und erweiterte Auflage. Wiesbaden: VS Verlag, 319-336.
Karakayali, Serhat (2009): Paranoic Integrationism. Die Integrationsformel als unmöglicher (Klassen-)Kompromiss. In: Hess, Sabine; Binder, Jana; Moser, Johannes (Hg.innen): No integration?! Kulturwissenschaftliche Beiträge zur Integrationsdebatte in Europa. Bielefeld: transcript, 95-103.
Karakayali, Serhat (2011): Reflexiver Eurozentrismus. Zwischen diskursiver Kombinatorik und Latenz. In: Friedrich, Sebastian (Hg.): Rassismus in der Leistungsgesellschaft. Analysen und kritische Perspektiven zu den rassistischen Normalisierungsprozessen der „Sarrazindebatte". Münster: edition assemblage, 96-113.
Klauda, Georg (2008): Die Vertreibung aus dem Serail: Europa und die Heteronormalisierung der islamischen Welt. Hamburg: Männerschwarm.
Klug, Brian (2012): Islamophobia: A concept comes of age. In: Ethnicities 12:5, 665-681.
Kohlmann, Elke (2011): Die Ökonomie lügt doch ... und zur Hölle mit Goethe! Sarrazinscher (Post-) Rassismus in Zeiten neoliberaler Gouvernementalität. In: Friedrich, Sebastian (Hg.): Rassismus in der Leistungsgesellschaft. Münster: edition assemblage, 162-180.
Koselleck, Reinhart (1989): Zur historisch-politischen Semantik asymmetrischer Gegenbegriffe. In: Ders.: Vergangene Zukunft. Zur Semantik geschichtlicher Zeiten. Frankfurt: Suhrkamp, 211-259.
Krämer, Jürgen (2010): Orientalismus macht Geschichte: Zum Beispiel die Entstehung des Orientaldespoten im Deutschland der Spätaufklärung aus dem Geiste europäischer Expansion. In: Attia, Iman (Hg.in): Orient- und IslamBilder. Interdisziplinäre Beiträge zu Orientalismus und antimuslimischem Rassismus. Münster: Unrast, 111-136.
Kuper, Adam (1999): Culture. The Anthropologists' Account. Cambridge, London: Harvard University Press.
Kurz, Sebastian (2011): Online unter: http://www.integration.at/wir_ueber_uns/staatssekretaer/ (Letzter Zugriff März 2013)
Lange, Claudio (2010): Die älteste Karikatur Muhammads. Antiislamische Propaganda in Kirchen als frühes Fundament der Islamfeindlichkeit. In: Schneiders, Thorsten Gerald (Hg.): Islamfeindlichkeit. Wenn die Grenzen der Kritik verschwimmen. Zweite, aktualisierte und erweiterte Auflage. Wiesbaden: VS Verlag, 37-59.
Le Pen, Marine: Besatzung. Online unter http://www.n-tv.de/politik/Marine-Le-Pen-wird-der-Prozess-gemacht-article10922521.html (letzter Zugriff Dezember 2013)
Lefort, Claude (1990): Menschenrechte und Politik. In: Rödel, Ulrich (Hg.): Autonome Gesellschaft und libertäre Demokratie. Frankfurt: Suhrkamp, 239-280.

Lega Nord: Schweineblut. Online unter: http://www.pi-news.net/2007/09/schwein-gehabt/ (letzter Zugriff Dezember 2013)

Leibold, Jürgen; Kühnel, Steffen (2003): Islamphobie. Sensible Aufmerksamkeit für spannungsreiche Anzeichen. In: Heitmeyer, Wilhelm (Hg.): Deutsche Zustände. Folge 2. Berlin: Suhrkamp, 100-119.

Leibold, Jürgen; Thörner, Stefan; Gosen, Stefanie; Schmidt, Peter (2012): Mehr oder weniger erwünscht? Entwicklung und Akzeptanz von Vorurteilen gegenüber Muslimen und Juden. In: Heitmeyer, Wilhelm (Hg.): Deutsche Zustände. Folge 10. Berlin: Suhrkamp, 177-198.

Lewis, Bernard (1964): The Middle East and the West. Bloomington: Indiana University Press.

Lewis, Reina (1996): Gendering Orientalism. Race, Femininity and Representation. London, New York: Routledge.

Linebaugh, Peter; Rediker, Marcus (2008): Die vielköpfige Hydra. Die verborgene Geschichte des revolutionären Atlantiks. Berlin: Assoziation A.

Lohlker, Rüdiger (2010): Islamophobie, Islamfeindlichkeit, antimuslimischer Rassismus. Online unter: http://www.lohlker.files.wordpress.com/2010/09/antimuslimischerrassismus.pdf (Letzter Zugriff März 2013)

Loomba, Ania (2003): Remembering Said. In: Comparative Studies of South Asia, Africa and the Middle East 23:1&2, 12-14.

Löwith, Karl (1953): Weltgeschichte und Heilsgeschehen. Die theologischen Voraussetzungen der Geschichtsphilosophie. Stuttgart: Kohlhammer.

MacMaster, Neil (2003): Islamophobia in France and the „Algerian Problem". In: Qureshi, Emran; Sells, Michael A. (Hg.): The New Crusades. Constructing the Muslim Enemy. New York: Columbia University Press, 288-313.

Matar, Nabil (1999): Turks, Moors, and Englishmen in the Age of Discovery. New York: Columbia University Press.

Matouschek, Bernd (2000): Böse Worte. Sprache und Diskriminierung. Klagenfurt/Celovec: Drava Verlag.

Matouschek, Bernd; Wodak, Ruth; Januschek, Franz (1995): Notwendige Maßnahmen gegen Fremde? Genese und Formen von rassistischen Diskursen der Differenz. Wien: Passagen Verlag.

Meer, Nasar (2008): The politics of voluntary and involuntary identities: are Muslims in Britain an ethnic, racial or religious minority? In: Patterns of Prejudice 42:1, 61-81.

Meer, Nasar; Modood, Tariq (2009): Refutations of racism in the „Muslim question". In: Patterns of Prejudice 43:3-4, 335-354.

Meer, Nasar; Modood, Tariq (2010): The Racialisation of Muslims. In: Sayyid, S.; Vakil, AbdoolKarim (Hg.): Thinking Through Islamophobia. Global Perspectives. London: Hurst & Company, 69-83.

Miles, Robert (1992): Rassismus. Einführung in die Geschichte und Theorie eines Begriffs. Hamburg, Berlin: Argument.

Miles, Robert (1998): Die Idee der „Rasse" und Theorien über Rassismus. Überlegungen zur britischen Diskussion. In: Bielefeld, Ulrich (Hg.): Das Eigene und das Fremde. Neuer Rassismus in der Alten Welt? Hamburg: Hamburger Edition, 189-218.

Miles, Robert (2000): Bedeutungskonstitution und der Begriff des Rassismus. In: Rätzhel, Nora (Hg.[in]): Theorien über Rassismus. Hamburg: Argument, 17-33.

Miles, Robert; Brown, Malcolm (2003): Racism. Zweite Auflage. London, New York: Routledge.

Missethon, Hannes (2007): Interview in Der Standard, Printausgabe 14.09.2007, 4.

Mohanty, Chandra Talpade (2002): „Under Western Eyes" Revisited. Feminist Solidarity through Anticapitalist Struggles. In: Signs. Journal of Women in Culture and Society 28:2, 499-535.

Mölzer, Andreas (2010): Wir retten Europa! Perspektiven für patriotische und rechtsdemokratische Parteien. Zehn Thesen von Andreas Mölzer. Online unter: http://www.zurzeit.at/index.php?id=1117 (Letzter Zugriff März 2013)

Morgenstern, Christine (2002): Rassismus – Konturen einer Ideologie. Einwanderung im politischen Diskurs der Bundesrepublik Deutschland. Hamburg: Argument.

Mosler, Volkhard (2013): Rassismus im Wandel. Vom Sozialdarwinismus zum Kampf der Kulturen. In: theorie 21 2, 19-52.

Müller, Jost (1992): Rassismus und die Fallstricke des gewöhnlichen Antirassismus. In: Redaktion diskus (Hg.): Die freundliche Zivilgesellschaft. Rassismus und Nationalismus in Deutschland. Berlin, Amsterdam: Edition ID-Archiv, 25-44.

Müller, Jost (2002): An den Grenzen kritischer Rassismustheorie. Einige Anmerkungen zu Diskurs, Alltag und Ideologie. In: Demirović, Alex; Bojadžijev, Manuela (Hg.[innen]): Konjunkturen des Rassismus. Münster: Westfälisches Dampfboot, 226-245.

Müller-Uri, Fanny (2010): C-A-F-F-E-E … . In: IG Kultur Österreich (Hg.): Antimuslimischer Rassismus: Konjunkturen und Aktualitäten. Kulturrisse. Zeitschrift für radikalpolitische Kulturpolitik. 4/2010, 20-23.

Osterhammel, Jürgen (1997): Edward W. Said und die „Orientalismus"-Debatte. Ein Rückblick. In: asien afrika lateinamerika 25, 597-607.

Osterhammel, Jürgen (1998): Die Entzauberung Asiens. Europa und die asiatischen Reiche im 18. Jahrhundert. München: Beck.

Osterhammel, Jürgen (2001): Wissen als Macht. Deutungen interkulturellen Nichtverstehens bei Tzvetan Todorov und Edward Said. In: Ders.: Geschichtswissenschaft jenseits des Nationalstaats. Studien zu Beziehungsgeschichte und Zivilisationsvergleich. Göttingen: Vandenhoeck & Ruprecht, 240-265.

Perchinig, Bernhard; Troger, Tobias (2011): Migrationshintergrund als Differenzkategorie. In: Polak, Regina (Hg.): Zukunft. Werte. Europa: Die Europäische Wertestudie 1990-2010: Österreich im Vergleich. Wien: Böhlau, 283-321.

Petzen, Jennifer (2005): Wer liegt oben? Türkische und deutsche Maskulinitäten in der schwulen Szene. In: IFADE (Hg.): Insider – Outsider. Bilder, ethnisierte Räume und Partizipation im Migrationsprozess. Bielefeld: transcript, 161-181.

Petzen, Jennifer (2012): Contesting Europe: A call for an anti-modern sexual politics. In: European Journal of Women's Studies 19:1, 97-114.

Peucker, Mario (2010): Diskriminierung aufgrund der islamischen Religionszugehörigkeit im Kontext Arbeitsleben – Erkenntnisse, Fragen und Handlungsempfehlungen. Erkenntnisse der sozialwissenschaftlichen Forschung und Handlungsempfehlungen. europäisches forum für migrationsstudien; Institut an der Universität Bamberg. Online unter: http://www.antidiskriminierungsstelle.de/SharedDocs/Downloads/DE/publikationen/sozialwissenschaftlich_expertise.pdf?__blob=publicationFile (letzter Zugriff März 2013)

Pfahl-Traughber, Armin (2010): Gemeinsamkeiten und Unterschiede von Antisemitismus und „Islamophobie". Eine Erörterung zum Vergleich und ein Plädoyer für das „Antimuslimismus"-Konzept. In: Ders. (Hg.): Jahrbuch für Extremismus- und Terrorismusforschung 2009/2010. Brühl: Fachhochschule des Bundes für öffentliche Verwaltung, 604–628.

Pinn, Irmgard/; Wehner, Marlies (1995): EuroPhantasien. Die islamische Frau aus westlicher Sicht. Duisburg: DISS.

Poole, Elizabeth (2004): Islamophobia. In: Cashmore, Ellis (Hg.): Encyclopedia of Race and Ethnic Studies. London, New York: Routledge, 215-219.

Pröll, Erwin (2007): Erwin Pröll: Minarette sind artfremd. Red. in Der Standard, Printausgabe 06.09.2007.

Qureshi, Emran; Sells, Michael A. (2003): Introduction: Constructing the Muslim Enemy. In: Dies. (Hg.): The New Crusades. Constructing the Muslim Enemy. New York: Columbia University Press, 1-47.

Rana, Junaid (2007): The story of Islamophobia. In: Souls. A Critical Journal of Black Politics, Culture, and Society 9:2, 148-162.

Rattansi, Ali (2007): Racism. A Very Short Introduction. Oxford, New York: Oxford University Press.

Redaktion diskus (1992): Vorwort. In: Dies. (Hg.): Die freundliche Zivilgesellschaft. Rassismus und Nationalismus in Deutschland. Berlin, Amsterdam: Edition ID-Archiv, 7-12.

Rommelspacher, Birgit (1995): Dominanzkultur. Texte zu Fremdheit und Macht. Berlin: Orlanda.

Rommelspacher, Birgit (2002): Anerkennung und Ausgrenzung. Deutschland als multikulturelle Gesellschaft. Frankfurt, New York: Campus.

Rommelspacher, Birgit (2009): Feminismus und kulturelle Dominanz. Kontroversen um die Emanzipation *der* muslimischen Frau. In: Berghahn, Sabine; Rostock, Petra (Hg.^innen): Der Stoff, aus dem Konflikte sind. Debatten um das Kopftuch in Deutschland, Österreich und der Schweiz. Bielefeld: transcript, 395-412.

Rommelspacher, Birgit (2010): Islamkritik und antimuslimische Positionen am Beispiel von Necla Kelek und Seyran Ates. In: Schneiders, Thorsten Gerald (Hg.): Islamfeindlichkeit. Wenn die Grenzen der Kritik verschwimmen. Zweite, aktualisierte und erweiterte Auflage. Wiesbaden: VS Verlag, 447-469.

Said, Edward W. (1981): Covering Islam. How the media and the experts determine how we see the rest of the world. New York: Pantheon Books.

Said, Edward W. (1985): Orientalism Reconsidered. In: Cultural Critique 1, 89-107.

Said, Edward W. (2003): The Clash of Definitions. In: Qureshi, Emran; Sells, Michael A. (Hg.): The New Crusades. Constructing the Muslim Enemy. New York: Columbia University Press, 68-87.

Said, Edward W. (2009): Orientalismus. Frankfurt am Main: S. Fischer.

Sarasin, Philipp (2003): Zweierlei Rassismus? Die Selektion des Fremden als Problem in Michel Foucaults Verbindung von Biopolitik und Rassismus. In: Stingelin, Martin (Hg.): Biopolitik und Rassismus. Frankfurt: Suhrkamp, 55-79.

Sarrazin, Thilo (2010): Thilo Sarrazin: „Ich bin kein Rassist". Im Interview mit Seibel, Andrea; Fahrun, Joachim; Schumacher, Hajo. Online unter: http://www.welt.de/regionales/berlin/article9258118/Thilo-Sarrazin-Ich-bin-kein-Rassist.html (Letzter Zugriff März 2013)

Sayyid, S. (2010a): Thinking Through Islamophobia. In: Ders.; Vakil, Abdool-Karim (Hg.): Thinking Through Islamophobia. Global Perspectives. London: Hurst & Company, 1-4.

Sayyid, S. (2010b): Out of the Devil's Dictionary. In: Ders.; Vakil, AbdoolKarim (Hg.): Thinking Through Islamophobia. Global Perspectives. London: Hurst & Company, 5-18.

Scheibelhofer, Paul (2011): Von Gesundheitschecks zu Muslimtests. Migrationspolitik und „fremde" Männlichkeit. In: Juridikum. Zeitschrift für Kritik, Recht und Gesellschaft 3/2011, 326-337.

Scheibelhofer, Paul (2012): Arbeiter, Kriminelle, Patriarchen. Migrationspolitik und die Konstruktion „fremder" Männlichkeit. In: Brandl, Ulrike et al. (Hg.^innen): Kann die Migrantin sprechen? Migration und Geschlechterverhältnisse. Wiesbaden: VS Verlag, 61-82.

Schiedel, Heribert (2011): Extreme Rechte in Europa. Wien: Edition Steinbauer.

Schulze, Reinhard (1991): Vom Anti-Kommunismus zum Anti-Islamismus. Der Kuwait-Krieg als Fortschreibung des Ost-West-Konfliktes. In: Peripherie 41, 5-12.

Schwarzer, Alice (Hg.^in) (2002): Die Gotteskrieger und die falsche Toleranz. Köln: Kiepenheuer & Witsch.
Shaw, William H. (1999): Funktionelle Erklärung. In: Haug, Wolfgang Fritz (Hg.): Historisch-kritisches Wörterbuch des Marxismus. Band 4. Hamburg: Argument Verlag, 1167-1173.
Shooman, Yasemin (2010): „…weil ihre Kultur so ist" – Der neorassistische Blick auf MuslimInnen. In: Sir Peter Ustinov Institut (Hg.): „Rasse" – eine soziale und politische Konstruktion. Strukturen und Phänomene des Vorurteils Rassismus. Wien: Braumüller, 100-111.
Shooman, Yasemin (2011): Keine Frage des Glaubens. Zur Rassifizierung von „Kultur" und „Religion" im antimuslimischen Rassismus. In: Friedrich, Sebastian (Hg.): Rassismus in der Leistungsgesellschaft. Analysen und kritische Perspektiven zu den rassistischen Normalisierungsprozessen der „Sarrazindebatte". Münster: edition assemblage, 59-76.
Shooman, Yasemin (2012): Islamfeindlichkeit und Antisemitismus. Diskursive Analogien und Unterschiede. In: Jüdisches Museum Berlin (Hg.): JMB Journal 7/2012, 17-20.
Silverman, Maxim (1994): Rassismus und Nation. Einwanderung und Krise des Nationalstaats in Frankreich. Hamburg: Argument.
Singer, Mona (1997): Fremd.Bestimmung. Zur kulturellen Verortung von Identität. Tübingen: edition diskord.
Sokolowsky, Kay (2009): Feindbild Moslem. Berlin: Rotbuch.
Solomos, John (2002): Making Sense of Racism. Aktuelle Debatten und politische Realitäten. In: Demirović, Alex; Bojadžijev, Manuela (Hg.^innen): Konjunkturen des Rassismus. Münster: Westfälisches Dampfboot, 157-172.
Solomos, John; Back, Les (1996): Racism and Society. Houndmills, London: Macmillan.
Spielhaus, Riem (2006): Religion und Identität. Vom deutschen Versuch, „Ausländer" zu „Muslimen" zu machen. In: Internationale Politik 3/2006, 28-36.
Spivak, Gayatri Chakravorty (1988): Can the Subaltern Speak? In: Nelson, Cary; Grossberg, Lawrence (Hg.): Marxism and the Interpretation of Culture. Urbana, Chicago: University of Illinois Press, 271-313.
Spivak, Gayatri Chakravorty (1990): The Post-Colonial Critic. Interviews, Strategies, Dialogues. New York, London: Routledge.
Spivak, Gayatri Chakravorty (1996): Subaltern studies. Deconstructing historiography [1985]. In: Landry, Donna; MacLean, Gerald (Hg.^innen): The Spivak reader. London: Routledge, 203-236.
Stoler, Ann Laura (2002): „Foucaults Geschichte der Sexualität und die koloniale Ordnung der Dinge. In: Conrad, Sebastian; Randeria, Shalini (Hg.^innen): Jenseits des Eurozentrismus. Postkoloniale Perspektiven in den Geschichts- und Kulturwissenschaften. Frankfurt, New York: Campus, 313-334.

Taguieff, Pierre-André (1998): Die ideologischen Metamorphosen des Rassismus und die Krise des Antirassismus. In: Bielefeld, Ulrich (Hg.): Das Eigene und das Fremde. Neuer Rassismus in der Alten Welt? Hamburg: Hamburger Edition, 221-268.
Terkessidis, Mark (1995): Kulturkampf. Volk, Nation, der Westen und die Neue Rechte. Köln: Kiepenheuer & Witsch.
Terkessidis, Mark (1998): Psychologie des Rassismus. Opladen: Westdeutscher Verlag.
Terkessidis, Mark (2004): Die Banalität des Rassismus. Migranten zweiter Generation entwickeln eine neue Perspektive. Bielefeld: transcript.
The Runnymede Trust (1997): Islamophobia. A Challenge for Us All. Report of the Runnymede Trust Commission on British Muslims and Islamophobia. The Runnymede Trust. Online unter: http://www.runnymedetrust.org/publications/17/32.html (Letzter Zugriff März 2013)
Tibi, Bassam (1995): Krieg der Zivilisationen. Politik und Religion zwischen Vernunft und Fundamentalismus. Hamburg: Hoffmann und Campe.
Tiesler, Nina Clara (2006): Muslime in Europa. Religion und Identitätspolitiken unter veränderten gesellschaftlichen Verhältnissen. Berlin: LIT.
Tiesler, Nina Clara (2007): Europäisierung des Islam und Islamisierung der Debatten. In: Aus Politik und Zeitgeschichte 26-27, 24-32.
Todorova, Maria (2009): Imagining the Balkans. Aktualisierte Auflage. Oxford, New York: Oxford University Press.
Traverso, Enzo (2003): Moderne und Gewalt. Eine europäische Genealogie des Nazi-Terrors. Köln: Neuer ISP Verlag.
Tsianos, Vassilis (2010): Der alte Mann und das Meer der Lügen. Zur Formierung des postliberalen Rassismus. In: Kulturrisse. Zeitschrift für radikaldemokratische Kulturpolitik 4/2010. Online unter: http://kulturrisse.at/ausgaben/042010/oppositionen/der-alte-mann-und-das-meer-der-luegen.-zur-formierung-des-postliberalen-rassismus (Letzter Zugriff März 2013)
UNESCO (1969): Statement on Race, Paris, July 1950. In: Dies. (Hg.): Four Statements on the Race Question. Paris: Unesco, 30-35.
Vakil, AbdoolKarim (2010): Who's Afraid of Islamophobia? In: Sayyid, S.; ders. (Hg.): Thinking Through Islamophobia. Global Perspectives. London: Hurst & Company, 271-278.
Vlaams Belang: Frauenkampagne „Freiheit statt Islam": http://www.filipdewinter.be/ (Letzter Zugriff März 2013)
Wagner, Constantin (2010): Wem nutzt antimuslimischer Rassismus? Soziale Funktion des Diskurses über Islam und MuslimInnen. In: ZAG. Antirassistische Zeitschrift 56 (Islambilder. Antimuslimische Ressentiments in Europa), 15-17.
Wallerstein, Immanuel (2007): Die Barbarei der anderen. Berlin: Wagenbach.

Weiß, Anja (2001): Rassismus als symbolisch vermittelte Dimension sozialer Ungleichheit. In: Dies. et al. (Hg.^{innen}): Klasse und Klassifikation. Die symbolische Dimension sozialer Ungleichheit. Wiesbaden: Westdeutscher Verlag, 79-108.

Wildenthal, Lora (2001): German Women for Empire, 1884-1945. Durham, London: Duke University Press.

Winant, Howard (1994): Racial Conditions. Politics, Theory, Comparisons. Minneapolis, London: University of Minnesota Press.

Yeğenoğlu, Meyda (1998): Colonial Fantasies. Towards a feminist reading of Orientalism. Cambridge: Cambridge University Press.

Yildiz, Yasemin (2009): Immer noch keine Adresse in Deutschland? Adressierung als politische Strategie. In: Dietze, Gabriele; Brunner, Claudia; Wenzel, Edith (Hg.^{innen}): Kritik des Okzidentalismus. Transdisziplinäre Beiträge zu (Neo-)Orientalismus und Geschlecht. Bielefeld: transcript, 83-99.

Young, Robert J.C. (1995): Colonial Desire. Hybridity in Theory, Culture and Race. London, New York: Routledge.

Zick, Andreas; Küpper, Beate (2009): Meinungen zum Islam und Muslimen in Deutschland und Europa. Ausgewählte Ergebnisse der Umfrage Gruppenbezogene Menschenfeindlichkeit in Europe. Online unter: http://www.uni-bielefeld.de/ikg/zick/Islam_GFE_zick.pdf (Letzter Zugriff März 2013)

Zick, Andreas; Küpper, Beate; Hövermann, Andreas (2011): Die Abwertung der Anderen. Eine europäische Zustandsbeschreibung zu Intoleranz, Vorurteilen und Diskriminierung. Berlin: Friedrich-Ebert-Stiftung. Online unter: http://www.fes-gegen-rechtsextremismus.de/pdf_11/FES-Studie%252BDie%252BAbwertung%252Bder%252BAnderen.pdf (Letzter Zugriff März 2013)

Žižek, Slavoj (2001): Die Tücke des Subjekts. Frankfurt: Suhrkamp Verlag.